【自治行政講話集】

連帯と共助が生み出す協治の世界

～豊かなスモールネス社会をデザインする～

荒木昭次郎 著

敬文堂

プロローグ〜シェアリングを基礎とする豊かな地域自治社会をめざして

一九二〇年の第一回国勢調査が実施されてから最近まで、日本の総人口は前回の調査結果を必ず上回ってきました。しかし、第一回から九六年経った二〇一五年の国勢調査ではじめて、前回（二〇一〇年）の調査結果を下回ったのです。

人口の年齢構成も若者（一五〜二九歳）の割合が減り、高齢者（六五歳以上）の割合が加速度的に増える傾向を示しております。およそ一〇〇年かけて一億二、八〇〇万人になった日本の総人口も、これから半世紀の間に九、〇〇〇万人を下回る状態になるとの予測も出されております。

一方、日本では明治二二年、市制町村制という地方制度が制定され、そのときの市町村数は全国で三九市、一五、八二〇町村の計一五、八五九団体でした。それが、戦後の新しい地方自治制度が制定された昭和二二年には一〇、五〇五（二一〇市　一、七八四町　八、五一一村）団体からスタートし、その後、町村合併促進法施行時の昭和二八年には九、八六八市町村（二八六市、一、九六六町、七、六一六村）に、さらに、新市町村建設促進法施行時の昭和三一年には四、六〇五（四九五市、一、八〇七町、二、三〇三村）団体へと半減し、それが失効した昭和三六年には五五六市、一、九三五町、九八一村の計三、四七二市町村となり、どうやら落ち着いて自治行政を運営できる状況になったと思えたのです。

ところが、それがまた、平成の大合併政策によって、平成二二年にはさらに、一、七二七市町村（七八六市、七五七町、一八四村）に減っていき、その分、住民と自治的意思決定拠点との時間的、空間的距離は広がり、それによって自治力低下になってしまうのではないかと心配されています。ごく最近の平成二八年一〇月一〇日現在では七九一市、七四四町、一八三村で、総数は一、七一八市町村を示しています。その結果、個々の自治体の行政区域は確かに広くなり、合併市町村も一時的には人口が増加しましたが、それもやがて減少傾向に転じました。人口密度は大きく低下し、住民自治の基礎となる市町村民間の相互認識や、住民同士の連帯と共助の取り組みもたいへん困難になり、かつての農村社会に見られたような住民同士の協力と連携による自治運営は望めない状況になってきたのです。

このような、人口や基礎自治体の数的減少傾向は、少子高齢化を迎えた日本社会が縮小化の道を歩みはじめていることを示しています。この傾向が将来も続いていくとすれば、日本社会はどうなっていくでしょうか。この縮小化傾向に対する手立てはなにか考えられているのでしょうか。

現政権は経済の成長至上主義を掲げてこの減少傾向に歯止めをかけようとしています。だが、日銀の金融政策に見られるように、その効果は一向に上がっていきません。経済の規模も、少子高齢化に伴う人口減や合併に伴う自治体数の極端な減少に合わせるかのように、労働力不足に陥って縮小化の方向を辿っていきかねない状態にあるのです。

この問題現象はいったい、何を意味するのでしょうか。私をして言わせれば、それは、これまでの考え方や手法で将来を構想したり社会を運営したりしていくことは最早困難な状態になってきているということ、そうだとすれば、従来の政策思考では社会の縮小傾向からは脱皮できないのではないかということです。だから、この問題現象に対しては新たに多角的な側面から取り組んでいく覚悟が必要になってきているのではないでしょうか。この点、本書では主として、住民自治の充実強化という視点からこの縮小化に伴う問題への対処方法を考えています。

　また、地域社会における私たちの日常生活も社会経済が変貌していくにつれて大きく変わってきました。とくに産業の高次化、郡部から都市部への人口移動、それらに伴う都市化の拡大、そして、それに随伴する人間関係の希薄化や社会的個化といった現象が地域自治のあり様にも大きな影響を与えてきています。たとえば、かつての農村社会は、人びとが自然の力の恩恵を受けとめられるように地域住民をして互いに力を出し合い、互いに支えあいながら生業を営むという暮らし方をしてきました。その暮らし方を貫く原理は地域住民同士の連帯と共助であったのです。それなくしては自然との共生も、住民同士の適切な人間関係の確保も難しく、さらには地域生活における自治規範づくりも生み出せなかったのではないかと考えられます。

　かくして、地域住民の日常生活は、連帯と共助を通して身につけてきた適切な人間関係を生み出し、そうした人間関係の中で地域における社会生活の規範を創り出してきたのでした。そして、その規範に添って互いが叡智や技能と労力を出し合い、資源や時間を分かち合いながら地域の自治生活を営むという「シェアリングの哲学」に基礎づけられた自治の術を身につけてきたのでした。

　ところで、日本列島の七割近くは中山間地域であります。その大部分の地域では自然の力に左右される農林業を生業としてきました。だが、一次産業中心だけでは社会経済の進歩発展が望めないことから、六〇年代に入り、国は産業の高次化を図り、右肩上がりの経済成長政策へと方向を転換してきました。その結果、私たちはその政策の恩恵を多面にわたって享受してきたのです。しかし反面、様々な不利益を被る問題にも直面してきました。たとえば、農村部から都市部への人口移動が続く中で、それまで熟成させてきた濃密な人間関係は崩れて希薄化し、また、少子高齢化と都市化の波に呑み込まれていくことにより、互いに分かち合い、そして支え合う互助精神をも失いつつ、連帯と共助の社会的力を弱体化させてきたのです。

また、今日では都市部人口が日本の総人口の八割近くを占めるようになっておりますが、そこに住む人は、居住歴は短く、移動率は高い、そして、比較的に若い青壮年層、そんな人たちが大勢を占める都市社会になってきています。その都市社会は本来、他者が提供してくれるサーヴィスに依存しなければ生きていけないという生活空間であり、上述のようにそこでは基本的に連帯と共助を必要とする原理で貫かれている社会なのです。

このような都市社会において、人間関係の希薄化ということと、都市生活者は連帯と共助を必要とするということとのギャップをどのようにして解消していくか、それが今後の都市社会における大きな課題であるとともに、それが自治行政のあり様にも大きく影響していきます。そのことが自治行政研究にとっても不可避の課題となってきたのでした。

いま一つの視点は、都市部への人口集中を促したのは経済政策の影響だけではないということです。地方制度改革としての市町村合併政策を通じて町や村を都市にし、都市人口を制度的に増やしてきた面もあるのです。合併の目的は市町村の規模を拡大化していくことによって経済力の強化を図り、それによって税の増収や自治体の財政力強化をうながし、強固な自治体を期待するという狙いがあったのです。しかし、その狙いは上手くいっておりません。なぜでしょうか。そこでは規模の経済論理だけが先行していたからであります。つまり、地域住民の意思に基づいて自治運営していくという、住民自治の強化を促す論理が合併方策には組み込まれていなかったからであります。結果として、合併政策は自治体の規模を大きくしてきましたが、自治体としての自主・自律性の確保は不充分のままに置かれ、住民自治と団体自治の充実・強化には結びつかず、行政の白地的な空間を広く生み出したのでした。これは自治制度のあり方を問う問題でもあるのです。

くわえて、少子高齢化現象は農村部地域の衰退を促すだけではありません。首都圏を除く都市圏域においても人口減少と少子高齢化の割合を高めてきております。また、住宅の空き家率の高まりは農村部だけでなく都市地域においても顕著に見られはじめ、それらの維持管理や相続の問題は地域づくりや快適社会づくりにとって一大問題にもなってきているのです。そこでは、将来の地域の姿をいかなる主体がイニシアティブをとりながら描き出し実現に漕ぎつけていくか、そして、そのための新しい自治行政システムをどう確立していくか、を構想していかなければならなくなりました。この点の研究も喫緊の課題となっているのであります。

先にも触れましたように、現代の都市社会はかつての農村社会のように互いに支え合い助け合いながら暮らしていくというような連帯性が乏しくなりました。だが、都市社会は、連帯と共助が基本的に必要なのです。それにも関わらず現実は、連帯感が薄れ、自分さえ好ければ良しとする個化現象に堕してきています。その状態からいかに脱却していくかの基本は住民自治の充実強化にあり、それをどのように実現していくかについても多角的な考察を必要とするのです。

このように現実社会が抱えている矛盾の問題は六〇年代から久しく続いているのです。私の研究人生もちょうどその期間と重なっておりまして、身をもってその変化を実感してきました。その意味におきまして、この期間に発生した問題の原因や問題の性質を分析して解明し、それらへの対応策を練っていくことはこの時代を生きてきた者として避けて通れない課題でもあるのです。

そのようなことから本書は、私が自治行政をめぐる理論と実際に触れはじめた六〇年代から今日まで、折々において講話したり研究発表したりしてきたときの原稿をもとに編んだものです。内容的には、時代の移り変わりにも応じることのできる、自治行政の理論的構図と自治行政運営の手法を、論理体系的に描き出していくことを目標にしています。それは自治行政研究に携わる者としての役割でもあると思うからであります。

なお、長い研究生活の中で研究の焦点も社会の変化に沿って少しずつ変わってきました。その点は、一つは研究成果を時系列的に整理することで、いつ、どこの、なにに焦点を当てて論じてきたかを明らかにすることにより、二つは理論と実際の往復分析によって論理を実証するという社会的実践原理にもとづく手法を確立することにより、新たな自治行政の論理体系化が図られていると思っています。

私の研究姿勢は、育った中山間地での生活体験が根っ子にあり、みんなで目標を設定して達成し、その成果を分かち合うということが原点になっております。それにより身につけてきた哲学は「人は互いにシェアリング（分かち合い）の哲学に支えられた生き方をしていかなければ心身ともに豊かに暮らしていくことはできない」ということでした。そのことが、私をなぜ「自治理論やデモクラシー論」の研究に向わせたのかということと深く結びついているのです。

その点を踏まえ、本書のタイトルについての基本的な考えを簡単に述べておくことにしましょう。

本書に収めた一三本の講話は、一九六〇年代から私が自治行政研究に本格的に取り組み書き綴ってきた内容を土台に、学会報告のために執筆した研究原稿、自治体職員研修のために用意した原稿、さらには地域社会などにおける講演・講話のために用意した原稿などを整理・修正し、年代順に収録したものであります。

私は大学院時代、指導教員の薦めで都市問題の調査研究機関である財団法人日本都市センターの研究業務に従事する機会に恵まれました。そこでの調査研究は、一つは全国の都市自治体の要請による行政事務診断、財政診断、組織診断、政策形成のための基礎調査研究であり、二つは全国都市が共通して直面している課題の掘り起こしとその自主的な調査研究で、三つ目は都市自治体の行財政等制度に関する調査研究という三本が中心でありました。

調査研究方法としては先ず、日本都市センターの研究室（員）が研究フレームと論点を提示し、それぞれの研究課題に応じて調査研究委員会を設置して進めていく方式をとりながら、各研究委員会には各分野の専門家である大学教授をはじめ、自治体現場の担当者、主務官庁の担当者、センター研究員らが委員や幹事として参画して議論を深め、一定水準の研究成果が纏った段階で内容を研究報告書として世に問うていたのです。

私が研究員として最初に取り組みましたのは「ごみ問題」でした。全国の都市自治体の声を集約し、それに対応する方策を検討している全国市長会や全国市議会議長会はこの「ごみ問題」についての対応策を検討しておりまして、ごみ処理行政に関する基本法制のあり方を中央政府に迫っていました。それは、昭和二九年に制定された当時の清掃法では多様かつ大量に排出される廃棄物の処理が困難であるので、環境問題として取り組むことのできる新たなごみ処理行政に関する法制整備の必要を全国の各都市から要請されていたからでした。

それは「ごみ戦争」に突入する数年前の出来事でしたが、これらを受けて日本都市センター研究室では一九六七年「清掃事業近代化委員会」なる研究会を設け、その研究の担当者として私がその任に当たることになったのでした。ごみ処理行政は地域住民の日常生活にもっとも密接に関わる問題であり、自治行政の中でも最も自治行政と呼ぶにふさわしい性質を内包した行政であったのです。

この調査研究は多様な立場からの専門的な知識を必要としておりまして、ただ、法律を作って規制していくというのではなく、地域住民の日常生活感覚と意識を反映させながら、他方で生活物資を生産する側に対しても環境に悪影響を及ぼさず、しかも容易に処理できる製品の開発を求めるというように、多角的な検討を加えていかなければならない困難さを伴う問題でもあったのです。

私はこの研究に携わったことによって、大学における文献中心主義の研究姿勢から脱し、社会科学として人々の生活現場における規範づくりの実態と、その運用体制とその運用方法などの究明を通じて、その社会を貫いている連帯と共助の原理を社会的実践原理として学ぶことができたのでした。つまり、地域社会を構成している多様な主体が互いに力を出し合い、助け合い、そして心を合わせて、自分たちが暮らしている場と暮らしの質をより良いものにしていこうとする「社会的協働の実態論理」を、社会科学としてのプラグマティック（pragmatic）な研究方法で身につけることができたのです。

本書のタイトルを『連帯と共助が生み出す協治の世界〜豊かなスモールネス社会をデザインする〜』としたのも、じつは「自治行政」についての認識と理解を、人々の社会的行為の結果と効果に求めるとともに、その真理と価値の追究を「社会的協働」の中に求め、それを可能な限り実例を挙げながら論理的に講究してきたからにほかなりません。こうしたアプローチは社会科学を専攻した者であれば誰でも一度は経験したと思いますが、いわゆるシカゴ学派の行動科学的接近を学んだことによるもので、とくに自治行政研究にはこの接近が最も相応しい方法であると思ったからであります。

本書に盛り込んだ一三講話は基本的に、そうした行動科学的アプローチで貫かれておりますが、その中でも講話1と講話5はごみ問題そのものについて取り上げており、また、ほかの講話も自治行政の現場の声を聞いて分析し纏めて論じているものであります。こんにち、日本社会は人口減少社会に突入し、そのことから噴出してくると思われる様々な問題を自治行政は予測し、その対応に追われておりますす。それについても多様な主体のもつ資源や能力を動員し、多角的に取り組んでいかなければなりません。そのような取り組みこそがこれからの自治の強化とデモクラシーの充実に繋がっていくであろうと思うのです。

なお、本書に収めた初出原題は、以下の通りですが、発行された当時の出版社や研究所に転載許諾を得るために連絡をとりましたところ、現在廃刊になり、出版社（発行所）も存在しなくなっているところもありました。そのため、以下に初出誌の原題を明記させていただきました。

講話1　「都市産業廃棄物と地方行政―都市の環境保全に対する考え方と対策の方向―」厚生省環境衛生局監修『環境整備特集（七）：都市／産業廃棄物』（環境衛生問題研究所、一九七〇年一〇月）

講話2　「住民参加がなぜ必要か―現代政治における地方自治の役割と期待―」『経済往来』［第二七

巻第五号」（経済往来社、一九七五年五月号）

講話3　「都市の規模と自治に関する若干の考察：デモクラシーの観点から」『都市自治をめぐる学際的研究』[vol.13]（日本都市学会、一九七九年六月）

講話4　「国と地方の機能分担―その理論的課題と必要性の間―」『都市問題』[第七二巻第二号]（東京市政調査会、一九八一年二月号）

講話5　「ごみ行政における中央と地方の関係―ごみは地方の問題か中央の問題か―」寄本勝美編『現代のごみ問題』（行政編）（中央法規出版、一九八二年六月）

講話6　「はびこる巨大退職金～その背景・原因・分布状況～」週刊『世界と日本』（内外ニュース社、一九八三年六月一三日）

講話7　「大都市圏における広域行政の問題と今後の方向」『都市問題研究』[第四二巻第四号]（都市問題研究会、一九九〇年四月号）

講話8　「新しい自治の息吹―世界共時性の協働型自治の展開をみて―」地方制度研究会編『地方自治』（ぎょうせい、一九九一年三月号）

講話9　「新しい市民＝行政関係の創造～パートナーシップの自治体行政学～」地方自治研究資料センター編『月刊自治フォーラム』（自治大学校、一九九三年二月号）

講話10　「地域の政策形成と自治のコスト論」財団法人地方自治協会編『季刊地方自治の窓』（一九九三年第四七号）

講話11　「協働のまちづくりにみる自治の原点」ふるさとづくり交流協会『平成一五年度ふるさとづ

くりセミナー講演集』(二〇〇三年一〇月)
講話12 「新しい自治行政のキー概念を求めて」熊本県立大学 最終講義 (二〇一〇年一月二六日)
講話13 「日本における市町村合併政策とその自治的効用の有無」『熊本県立大学総合管理学部創立二〇周年記念論文集』(九州大学出版会、二〇一四年四月)

本書は冒頭において述べた研究期間中の成果を活用しながら、執筆しておいた内容に手を入れて論調を整理し、それらを時系列的、選択的に取り上げ、さらに文章表現や内容を講話調に修正して収録したものです。以下、若干の解説をしておきましょう。

院生時代からお世話になった日本都市センター研究室では、市町村の固有事務であった「ごみ処理行政」のあり方をめぐり、一九六七年から調査研究委員会が設けられておりまして、私も当該委員会の研究担当者として三ヵ年間、その調査研究に従事しました。それにより、全国規模での都市自治体の清掃行政に関する実態調査の機会に恵まれ、社会科学としての現場研究の重要性を認識することができたのです。

事柄の性質上、ごみ問題も自治行政も人々の日常生活と切っても切れない関係にあります。そのことから制度論的、法学論的立場からだけでなく、生活現場における人間関係作用としての連帯性と共助性にも注目して自治行政を観察する必要があり、そのことが自治行政を社会的実践原理の立場から研究していく契機にさせたと思っています。それまでの自治行政研究は一般に、制度論的アプローチか管理論的アプローチが大勢を占めておりました。

しかしながら、人々の日常生活の現場から生起する問題の掘り起こしとその解決策については、人々の叡智や技能と資源や労力を効果的に投入していくことが重要であり、現場で実践できる最適投入ミックスの手法開発が必要だったのです。だが、そうした研究はそれまでなされていなかったように思います。とくに、自治行政分野としてのごみ問題の研究においては、ごみの排出者、排出されたごみの収集者、ごみの分別者、ごみの焼却処分者、ごみの埋立処分者、生活環境の保全者、再資源化の促進者等々の各立場から、その役割、責務、意義についての叡智や技能等の投入が必要とされるのです。それには現場の調査や観察と分析に基づく研究アプローチが必須として求められます。従来の固有事務とか委任事務という制度論ではそれに対応できないからです。

そこで私は、机上の理論的研究から現場の問題処理に関する実践的アプローチの研究へ、また、現場の問題処理システム開発からその理論化への往復分析活動が自治行政研究にとっては不可欠であると考えました。幸いにも、そのことをごみ問題の調査研究を通して学ぶことができたのでした。

その成果は、本書に盛り込んだ論稿以外に、ごみ問題については六九年から七七年にかけて学会での研究報告や論文発表を行い、また、自治行政研究についてもごみ問題の調査研究に習い、現場実証主義を踏まえた手法で研究するようになっていったのです。

自治行政に関する次の研究視点は、自治とデモクラシーと政体規模にはいかなる関係があるのかないのか、ということに研究関心を抱いたことです。この問題に関心を抱くキッカケになりましたのは、これら三つの用語が内包している政治社会的意義が個々バラバラに講義されたり論じられたりしておりまして、それらの関連性について議論した著作物を発見できなかったからです。やっと探し当てたのが一九五二年の国際政治学会で議論された「地方自治とデモクラシーの関係」について論評された研究誌であり、また、政体規模とデモクラシーの関係については一九七三年R・A・ダールとE・R・タフティの『規模とデモクラシー』(スタンフォード大学出版会)でありました。この領域に関する研究成果がいかに少ないかということに気づかされ、それらの関連性の研究に取り組み始めたのです。

市町村を政体規模の観点からみていきますと、日本では市制町村制が敷かれた明治二二年から平成時代まで合併に次ぐ合併を繰り返しながら政体としての規模を大きくしてきました。そのことが自治やデモクラシーにいかなる影響を与えてきたのかという問題意識を抱かせたわけですが、当時、それに真正面から取り組んだ研究はみられない状態でした。そうであれば自分で研究していくしかないとして取り組み始めたのです。その皮切りは一九七八年、日本都市学会での研究報告にはじまり、次いで政体規模の拡大は自治的側面やデモクラシーの充実強化にいかなる影響を与えるのかという視点から考察し、その内容を、のちの自治行政研究にも活かしていくとともに、広域行政政策や合併政策は自治充実やデモクラシーの成熟化にとって有効性が低く、直ちにその限界を表すと示唆してきました。

最後は、そもそも自治行政は地域住民をはじめとする多様な主体の協力連携によって担い、運営していくことを基礎にしている点です。その視点からすると、従来の自治行政研究手法よりも次の三点をリンクさせた研究手法、つまり、①住民自治力の強化と発揮の方法、②自治行政に対する信頼確保の方法、③効果的で効率的な自治行政運営の方法、とを関連させて研究する手法が重要ではないかと考えたのであります。つまり、これからの自治行政の姿を描き出していくためには、新たな自治行政の概念をいかなる視点からどのような方法で構築していけばよいかがその出発点になると考えたのです。

そこで参考にしたのがイヘッケル・ドロア教授のメタ・ポリシー論であったのです。つまり、メタ・ポリシーの視点でもって新しい自治行政の概念を構想し、これからの自治行政のあり方を示唆していくことにしました。この研究は八〇年代からの学会報告をはじめ、自治体現場での講話などを通じて現在でも推し進めている研究手法です。

この間、私は短期・長期の海外留学をはじめ、数次にわたる海外調査研究に従事しました。とくに参考になったのはヴァジニア大学に留学した折、ゲリー・アリンソン教授のご尽力によって、アメリカ合衆国における自治行政の理論と実際とを学ぶことができたことです。シャーロッツヴィル市では住民自治発揮の仕組みを現場への参加を通じて学ばせていただきました。また、二〇〇九年、ノーベル経済学賞を受賞したエリノア・オストロム女史とコプロダクション研究の第一人者であるヴィンセント・オストロム教授の夫妻（二人ともインディアナ大学教授）からは、「協働論と自治行政とを結びつける論理」を学ぶことができました。ご三方の学恩に対し深い謝意を捧げたいと思います。

その成果は協働型自治行政概念の提示をはじめ、公共サーヴィスの生産性向上の研究、これからの自治行政のあり方を示唆する「自治効率」の概念提示というかたちで、日本行政学会、日本政治学会、日本地方自治学会において報告させていただきました。とくに、協働論については全国の自治体で協働政策とか、協働のまちづくりとか、協働条例づくりとか、協働による自治基本条例づくりなど、自治行政の現場で活用されるようになりました。それらは社会的実践原理に基づく協働研究の成果とその影響ではなかったかと思っています。

わたしの自治行政研究の流れは、大学の教壇を去るに当たっての最終講義（講話12）において触れておりますので、それに目を通していただければと思います。

最後に、わたしを研究者の道へと育ててくださった早稲田大学時代の内田満先生、大学院時代の荻田保先生、そして自治行政専攻で一緒に机を並べて勉強した畏友寄本勝美先生（御三方とも故人）の学恩に対し、心から感謝申しあげます。また、多くの学友に恵まれ、忌憚のない意見交換を通じて導いてくださった諸先輩、学友の方々に対しも、この場を借りて御礼申しあげる次第です。

なお、本書をこのような形にまとめるに際してはいつものことながら、内容に沿う図表の作成に尽力してくれた姪の渡邉久穂美と、私の長い研究生活を支え、ときには原稿の口述校正で協力してくれた妻の佳子に対して感謝の意を捧げたいと思います。

平成三〇年一〇月

著者　**荒木　昭次郎**

もくじ

【講話1】都市産業廃棄物と自治行政
～都市の環境保全を考える～

1　はじめに

近時、都市環境の悪化に対し各方面からその問題の深刻さとその対策を急げ、といった指摘がなされています。その背景としては、とくにわが国の場合、ここ一〇数年という比較的短い期間に、飛躍的な経済の発展を遂げてきたことがあげられます。

このような現象はひとりわが国だけでなく、欧米先進諸国においても同様に見られ、自然破壊や生活環境の悪化は広く見られる世界的規模の現象でもありました。たとえば、国連のウ・タント事務総長が世界の環境悪化現象に対して「このままでは将来の地球上の生命が脅かされよう」と警告を発したように、また、東南アジア問題に大統領生命をかけているニクソン米大統領ですら「七〇年代の大問題は、われわれが環境に降伏するか？　それとも自然と仲直りし、われわれがこれまで大気・土地・水に与えてきた損害に対して償いをしはじめるかである」として、環境汚染防止に関する教書を発表し、その対策に取り掛かっていることからも明らかでありましょう。

このように自然環境および都市環境の悪化は、われわれ人類の将来にとって今や放置できない重要な問題として提起されるにいたっているのです。先ほど東京において開かれた『公害問題国際シンポジュウム』の宣言にも見られたように、人類の環境破壊が「物的破壊のみでなく、社会的組織の解体、心理的苦痛、文明の混乱等をもたらし、あらゆる社会に生きる人々の幸福に直接に影響を及ぼす」と指摘しまして、この問題への認識の深まりと、人類の幸福とはなにか、についての再検討を迫ったことは、今日的意味で驚愕的な出来事であったといえます。そこでは「人間の考え方が変わらない限り環境破壊は防げず、人類の将来は打開できない」という考え方が明らかにされ、これまでこの問題をないがしろにしてきたことへの反省と、将来、科学を手中にする現代社会が環境悪化を抑え、改善させる力を持っていながら問題への対応を疎かにしてきたことを指弾しているのではないでしょうか。

この反省と指弾を、もっとも真剣に受け止めなければならないのは他ならぬわが国ではなかろうかと思います。なぜならば、わが国が執ってきた近年の経済成長政策、社会の進歩向上政策、そして地域開発政策等々は、それらを進めることによって生じるかもしれない負の側面の諸問題には目を向けてこなかったからであります。そこでの取り組み姿勢はもっぱら、物的豊かさを追求する意識と行動に振り回されてきた、といっても過言ではないようです。そして、その結果が大気汚染物質の蓄積や、土壌汚染および水質汚濁といった環境悪化に対する意識を低下させ、それへの対応を鈍らせてきたからではないでしょうか。

だが、いかに日本人が「忍従の精神」に富むとは云っても、それは自然の受容能と同様に無限のものではなく有限のものであります。とくに産業や人口が集中しすぎている都市部地域における環境受容能の弱体化は「その対応が明日からではもはや遅すぎる」といわれるように差し迫った段階にきていたのです。

本講話では、こうした問題意識に立ちながら「新たな公害」といわれるようになってきた都市・産業廃棄物問題に焦点を当て、自治体はその問題にどのように取り組んでいかなければならないのか、について、エントロピーの概念を借りて少しく話をしてみようと思います。

2　都市環境悪化の要因

都市環境の悪化ということは、喩えていえば、ある一定の立方体の中で「人々が生活していくうえでの必要な諸条件が整っている状態が保てなくなること」、つまり、三人定員の立方体に五人が入っているとか、あるいは定員ちょうどであっても他の条件が不十分であれば適正な状態が保てなくなる、ということであります。このことをもっとも分かりやすく説明しているものに、科学技術庁資源調査会の「廃棄物の処理体系に関する報告」（昭和四四年一一月二八日）があります。その報告では次のように説明しています。

「文明の進展につれ、廃棄物による害が増大することは、熱力学におけるエントロピーの概念を借りて考えると、きわめて当然であることがはっきりする。高熱源と低熱源（たとえば冷却水）の間に熱機関を動かせば仕事が得られる。高熱源と低熱源を接触させておくと、熱は高い方から低い方に移り、やがて一様な温度になる。そうなると、もはや熱機関を動かすことはできない。熱伝導によりエントロピーは増大したのである。自然に放置された閉じた体系においては、エントロピーは増大するというのが、永久運動不能に関連してできた熱力学第二法則である。」と。

そこで、この法則をわれわれの生活の場に応用して考えるとつぎのようになるでしょう。

たとえば、〝汚れた衣類を洗ってきれいにすれば汚水が出る〟〝机の上をきれいにすれば紙くずかごの中は汚くなる〟つまり、どこかの部分を秩序立てれば、どこかの部分にそれに応じた、またはそれ以上の乱れた部分ができる。したがって、都市において、都市活動が旺盛に行われれば行われるほど、廃棄物は増大する、ということがいえるのではないでしょうか。

わが国のように国土が狭小で、なおかつ可住地域が狭いところではエントロピーが増大すると見ても差し支えないでしょう。ちなみに、わが国の土地利用の構成をみると表1のようになっています。

表−1

	昭和40年	昭和60年
1　農用地	600万ha	650〜700万ha
2　森林	2,517	2,400〜2,450
3　原野	107	30
4　水田、河原	106	104
5　道路	42	90〜100
6　宅地	78	115〜125
住宅	61	70〜75
工場	9	30
その他	8	15〜20
7　その他	248	250〜260
8　合計	3,698	3,708
市街地面積	46万ha	94万ha
市街地人口	4,726万人	8,420万人
人口密度	103人／ha	90人／ha

出典：新全国総合開発計画（昭和43年８月８日）より

これによると、わが国国土の総面積はおよそ三千七百万ヘクタールであり、その中で占める都市域（市街地面積）は、昭和四〇年で四六万ヘクタールにすぎないのです。しかも昭和六〇年においてもそれは九四万ヘクタールであり、その割合は非常に低いのです。それに比し、総人口の四八％（昭和四〇年）がこの地に集中しております。これが昭和六〇年になると総人口の約八〇％が集中すると予測されております。

もちろん、市街地面積は二〇年後には二倍になると予測していますけれど、そこにおいては人口の集中だけでなく多様な都市機能も集中し、高密度の旺盛な生産活動が展開されていくに違いなかろうと思います。そうなるならば、わが国の都市環境におけるエントロピーはさらに増大すると考えてもよいでしょう。

さらに細かく見ていくと、この市街地面積の中で市街地人口（集中地区人口）一万人以上の都市のなかには、東京、大阪、名古屋、札幌、仙台、広島および福岡の七大都市を含む三一六都市を中心とする生活圏がありました。そこには一定水準以上の都市機能の集積（人口・産業・交通・通信・文化・娯楽・金融など）がみられ、それら都市の活動状態はエントロピー増大の原理に反しない現象を顕現するわけです。もちろん、自然の自浄作用があることを考え合わせれば、この原理がそのまま都市環境の悪化に適用できるとは思われないのですが、エントロピーの考え方を応用することは十分に可能であろうと思われます。

とくに、三大都市圏といわれる首都圏、中部圏、近畿圏にあっては、現在でも過度の人口および産業の集積をきたしているところであり、将来にわたってもこの三圏への集積は避けられない状態にあります。したがって、この三圏の地域に位置する都市にあっては、自然の受容能も当然のことながら少なくなるので、どうしても「人工的都市環境」を造っていかなければならなくなるのです。

ここで「人工的都市環境を造る」ということは、エントロピーを小さい状態にしておくこと、つまり、自然の受容能を可能な限り大きく保つ努力をしていくことです。そのためには、たとえば、汚れた水をきれいな川に放流し、薄汚れた大量の水に変えるとか、住宅街に工場を誘致するとか、利用可能な状態を利用不可能な状態に変化させるとかを「させないように計画化する、あるいは管理する」必要があるということです。

先にも見たように、わが国の場合、国土が狭く、そのうえ利用しにくい山間部を多く抱えているところでは、生産活動形態も生活活動形態も特異であり、そのため管理方法も難しいのです。わが国の生産活動や生活活動は多種多量の原材料を他国から輸入し、製品化して輸出したり、あるいは国内消費したりするのが特徴であり、その製造、加工の過程で廃棄物を排出させながら環境負荷を集積してきているのであります。また、消費される製品は製品としての寿命がありますので、それらは究極的には廃物と化していきます。その意味で、国内消費分はわが国土環境への負荷としての「廃物の集積」ということができるのであります。

このようにみてくると、わが国は生産の場であると同時に、廃物の集積の場であるともいえるわけです。それらが狭い密集した地帯で行われているだけに、一面において都市環境悪化の外生的要因になっているといえるのではないかと思います。見方を変えれば、天与の自然地理的・資源的な諸条件が都市環境に整っていないために人々のさまざまな活動に伴って生じるエントロピーを増大させ、それが都市環境を悪化させる要因にもなっている、ということになるのです。

わが国にとって宿命的とも思える悪条件は別として、与えられた条件の範囲内で環境を守っていく、あるいは積極的に今以上の活動を行っても環境を悪化させない、という努力は課題として残っています。このことがわが国において最も重要視されていかなければならない点であり、それが、これからの政策的、行政的課題として取り組むべき重要課題になっていくと思われるのです。この点、「人工的都市環境を造る」とか「自然の物質代謝サイクルの系に廃物をのせる」とかの努力を、国や自治体も、企業や市民も一体となってやっていきなさい、ということではないでしょうか。

このような努力は一気に短期間で実を結ぶものではありません。また、各主体の置かれている立場や条件によって取り組み成果は異なるものであり、加えて、自然や環境に対する認識度合いや社会経済動向との関連など、様々な要素が絡み合う中にあってはかなり難しい対応でもあります。しかし、人為的に自然や環境の悪化・破壊を進めてきたのでありますから、それらを人為的に制御する、ないしは防止することは各主体の義務でありましょうし、また、そうした努力を払っていかざるを得ないであろうと思われるのです。とくに現代の国家概念が行政国家とみなされている点から言えば、このような問題に対する行政上の知的対応が求められるのは至極当然のことでもあります。

以上のことから、環境問題に関して国や自治体の政策の欠如、企業や市民の認識の甘さ、行政上の知的対応のなさ等々が都市の環境を悪化させてきたといえるのではないかと思います。ここではこれらの努力のなさ、義務の不履行をもって都市環境悪化の内生的要因としておきましょう。

これまで、都市環境悪化の要因をエントロピーの概念をかりて説明してきたのですが、分かりやすくいえば、外生的要因がプラス・エントロピーとなり、内生的要因がエントロピーのマイナス化につながっていない、ということに起因しているのではないでしょうか。つまり、前者は、わが国の中心的政策である高度経済成長政策によって全国民的に取り組んでいることから結果してきているものであり、後者は、前者を受けての対策に国も自治体も、そして市民も企業も全面的には取り組んでこなかったことに起因する、ということではないでしょうか。

このような考え方を基にして、都市の産業廃棄物がわれわれの「環境体」をいかに悪化させるものとなっているか、また、それに自治体はどう対処していかねばならないか、について、つぎに述べてみたいと思います。

3　環境体としての自治体

われわれは日本国土の中のどこで生活しようとも自由であります。しかし、一般的には、生活を支える所得を得るための、いわば就職することでその居住地域は限定されてきます。それは限りない人間欲望とその時代の価値体系に基づいているのかもしれません。さりとて、われわれはいずれかの地方自治体の構成員でもあり、どこに住もうと自由であるけれども、日本国民であり、都道府県民であり、市町村民でもあることに変わりはなく、それ相応の権利と義務を有しているのです。だから、われわれが生活する場は、その権利と義務に基づき生活していく諸条件が整っていることを前提にしているのです。その基礎的条件は第一義的には大気・水・光・土壌という自然的必需条件が整っていることであり、第二義的には生活の糧を求める活動がおこなわれやすいという生活・生産機能条件が整っていることでもあります。これらの条件が整っている「場」ないし「空間」を、われわれは「環境体」として位置づけ、それを維持管理していくという観点から環境政策を考えていくことが必要ではないかと考えるのです。

このように、われわれが生活している「場」や「空間」を環境体として設定してみたのですが、問題は自治体とその環境体との一体性の有無をどのように捉えるかであるようです。ここでは制度上の「場」としての都市自治体が環境体としての条件を、どのように満たしているのかという観点から考えてみましょう。

一般に「都市」とは機能的意味合いにおいて労働・資本・技術などを集約して高密度高水準の経済社会活動が展開される「場」とされます。また、人々の知恵の積み重ねの「場」、あるいは文明の生成・発展の「場」ともいわれます。そしてそこでは制度上自治的に統治作用がなされ、そこに生じる問題を自らの力で解決処理していくことを建前としているのです。しかし、こうした都市（自治体）に環境体としての基本的条件たる自然的要素が果たしてどれだけ確保されているでしょうか、いま、その点を観察し分析してみるとしましょう。

都市はひとつの都市だけでどんなに立派な自治を営んでいるとしてもその区域で暮らしている人々の行動が当該区域を越えたり、近隣から当該都市へ入ってきたりしますので、そのように人々の行動が旺盛であるならば、環境体としての都市を制度的な都市でもって自治していくにはあまりにも狭すぎるといえるのではないでしょうか。この点、大都市圏域で連鎖している都市自治体間にあってはなおさらのことでしょう。

このように統治作用にみる制度上の自治区域としての都市自治体と環境体としての自己管理区域との乖離は、自然的な作用と人為的な作用との不一致を意味します。そのため、都市自治体と環境体の関係を論理的かつ実践的に自同化させていくことは非常に困難であります。しかし、われわれにとって健康を維持していくということが絶対的条件であるならば、それと同様に、その困難を打開し、環境体を自治体化していくことも政策的に必要ではないかと思います。つまり、一つの都市のエントロピーが増大すれば、周辺都市との協力によってそのエントロピーのマイナス化を図っていくという因果関係を体系的に分析・証明し、それを政策に取り込んでいくということの重要性であります。

たとえば、単一の汚染物を廃棄することによって生じる影響は、廃棄の頻度と集中度およびそこの環境体の汚染吸収力によって異なりますが、それぞれの環境体の汚染吸収力に見合うよう制御することを制度上の都市自治体にも課していけば、汚染物廃棄の影響をかなり小さくしていけるのではないかということです。そこに環境体としての自治体の設定根拠と手法を見出すことも可能でありましょう。また、そこでは人々の生活・生産活動環境を健康な状態に保持していくという政策立案の方向もみえてくるのではないでしょうか。そうだとすれば、都市自治体と環境体の自同化はそうした方向へ進まざるをえないであろうと思います。

このようにみてくると、都市環境悪化の内生的原因が十分に取り除かれたとしても、現行制度に基づく区域の物理的限界からの悪化の影響は免れないわけで、そこでは、質量的な対応面から環境自治体としては広域的に考える必要も生じてくるのではないでしょうか。然るに、都市環境悪化の防御対策としては制度的自治体を環境体と可能な限り一致させる「特別自治体」のように考えていくことがこれからは大変重要になってくると考えます。

4　産業廃棄物と環境体

われわれの環境体を汚染するものの中には、大別して生活系廃棄物と生産系廃棄物とがあります。いま仮に、われわれの日常生活の場から排出される廃棄物を前者とし、それ以外のところから排出される廃棄物を後者とするならば、単純な量的比較だけを見ても前者は後者の比ではありません。たしかに産業の飛躍的な発展は、それが立地する地域への急激な人口の集中とそれを受け入れるために近郊地の宅地化を激化させます。それとともに、さらに所得の高まりに伴う生活様式の変化とその水準の高度化をもたらします。その結果、生活系廃棄物の量も一段と多く排出されるようになる一方、さらには生産系廃棄物が増加しているのが実態であります。

とりわけ、生産系廃棄物が環境体に及ぼす影響は厨芥や雑芥とちがって、自然還元周期が半永久的であるといえるほど長いものも多く、そのため環境体への負荷が蓄積していく可能性も高いのです。それらの蓄積は環境体の構成要因である大気とか水とかを汚染し、われわれ人間が住むにふさわしい環境状態を破壊していくのです。

現に、わが国に発生しているもろもろの環境破壊現象（公害）は工場からの排出（廃棄物）によるところが大きいことからそのことは明らかでありましょう。

かくして、環境体に対して多大の影響を与える生産系廃棄物（産業廃棄物）は、エントロピー増大の一大要因であることは論を待たないのであります。だから、今後、われわれが生活の糧を求めて労働を担保し、これまでのような考えで生産活動に励んでいくならば、産業廃棄物もまた増大していくことになるのです。その結果、環境体はどうなっていくか、であります。いうまでもなく、産業廃棄物を受け止める環境体はいままで以上に破壊され、結局のところ、熱力学の第二の法則に従って生活・生産活動を行なっていくことは難しくなっていってしまうと考えられます。したがって、この悪循環のサイクルをどのように断ち切るかが課題となるでしょう。つまり、環境を破壊させずに、また、人々の生活・生産活動を鈍化させないで、どうすれば順調に生活・生産活動を展開していくことが可能かということ、それをこれからの政策課題として取り組んでいかなければならない、ということであります。

上述してきた「環境体」という抽象的用語を現実に引き戻して考えると、それは、現行制度が規定している市町村、それも互いに隣接し、影響関係にある複数の市町村からなるものとしての「環境体」、というように理解してもよいでしょう。換言すれば、都市活動が連鎖している地域であり、自然の環境受容能を共有し、制度的な統治作用面でも一体性を有することができる自然地理的空間であり、それとともに一体的な地域社会的空間でもあることということができます。

この考え方は、現行のある自治体が地域全体にわたって高密度の生産社会を構成しているならば、そこにおいてはいかに人工的な環境づくりを目指してもその空間の環境受容能だけでは「良好な環境体」を生成・維持していくことは不可能であることを意味します。そこでは環境受容能と均衡が取れる自然地理的および社会関係的な「環境体」を構想すべきということを暗示しているのではないでしょうか。

この点、生産のシェアが高いところでは環境のシェアは低くなり、逆に、環境のシェアの高いところでは生産のシェアが低くなる、という関係から導き出された論理であります。ただ、ある地域空間において近隣に生産のシェアが高いところが出てくれば、その地域全体の環境シェアは必然的に従前より低くなると考えられるのです。

このことは、たとえ、産業廃棄物一つをとってみただけでもその排出を受け入れる既存の一自治体だけでは、環境を維持できず、実質的に周辺まで悪影響を及ぼしてしまうことを意味するのです。

だから、環境を保全し、人工的都市環境をつくる対策を立てる場合や自然環境をつくる対策を立てる場合は、自然環境を構成する諸要素の相互依存関係作用がどのようになっているかを分析しなければなりません。そのうえで、一つは環境受容能の効能を下げない諸要素の影響関係を明らかにしていかなければなりませんし、二つは人類の叡智が生み出す政治社会学の領域と経済学の領域と生物・物理学的な領域との相互作用を一体的に捉える枠組みを構想する必要があります。そして、三つは両者の均衡維持に基づく都市環境の保全と防御の対策を練る、新たな学問体系の枠組みをつくっていかなければならないだろうということです。

5　おわりに

与えられたテーマ「都市産業廃棄物と地方行政」は浅学の身の筆者にとってはあまりにも大きなテーマでした。それゆえ、きわめてマクロ的な環境保全対策の考え方しか論じられませんでした。しかし、問題が重要であるだけに地方自治体の行政としてはこの程度の考え方は採用しながら、それを具体的な政策実践へとつなげていってほしいと思いますが、いかがでしょうか。

環境問題は一自治体のみで対処し解決を図っていくことはほとんど不可能であります。このことは今日、多くの識者が観察し分析を加えて理解しているところでもあります。そうだとするならば、行政の現場においてもその考え方を取り入れながら環境問題への対策を講じていくべきでありましょう。大雑把な捉え方ではありましたが、環境問題に対する一つの政策方向としての示唆を与えることができたのであればたいへん嬉しく思います。

【講話2】

住民参加の必要性

～地方自治におけるその役割と期待～

1　はじめに

最近、多くの人々が地方自治に関心を抱くようになってきました。そのこと自体はきわめて喜ばしいことであります。

ところで、人がなにかに関心をもったり、あるいは行動を起こしたりする場合、それ相応の動機や契機が必ず存在するものです。もちろん、地方自治への関心の高まりとてその例外ではなく、後で触れますように、それにはさまざまの要因や背景があります。しかもそれには必ず、各立場での動機や契機が働いているようです。一般に、市井の人々はこれまで、生活基盤や生活拠点の悪化という問題に直面した場合、それらに対処するための政治機構をいつも地方自治に求めてきました。

これに対し、最近の政治家や諸政党は政治戦略の観点から、地方自治に重要な政治的役割と地位を与えるようになってきましたが、制度上及び運営上からみる地方自治の今日的状況は、財政難や住民要求の増大に見舞われて危機的様相を呈しているのが実情ではないかと思われます。

したがいましてそこでは、このような状態にある地方自治を立て直し、あるべき姿の地方自治に近づく努力を払っていく必要があるのではないでしょうか。その第一歩として、わたくしたちが問うべき基本的なことは「自治の主体者は誰なのか」ということであり、また「誰のための自治なのか」ということでありまして、その認識を強く持つことであります。

もとより地方自治は、一定の地域を基礎とする団体が自己の事務を自己の責任において自己の機関により処理し、地域住民が望む地域の姿を実現していくことにあります。すなわち、集権的国家権力から市民の自発的エネルギーを解放し、それによって個人と社会に活力をもたらすとする地方自治は、近代社会における政治的組織として位置づけられたものであったからです。

このような考え方から日本の地方自治を仄見しますと、今日、全国各地に発生している住民運動、それをうけて全国のほとんどの自治体が唱え始めた住民参加、そして、そうした運動や参加の主体となる人々の活動状況は、まさしく市民の自発的エネルギーを解放する動きとみてとれますし、地方自治こそ地域住民の身近な政治的組織原理が有効に働く「場」である、ということを示唆しているのではないでしょうか。

では、そうした動きなり状況なりはいかなる背景と要因によってもたらされてきたのでありましょうか。また、それは地方自治にとっていかなる意義をもち、どのようなインパクトを地方自治に与えてきているのでしょうか。

いま、そのような点を、地域社会の変動状況と照らし合わせながら若干の分析を試みて論じていくとしましょう。

2　地域社会の変動を観察する

昭和三〇年代に始まった経済の高度成長政策とそれに伴う諸施策は、地域社会を激しい都市化の渦に巻き込んでいったのでした。そして、その影響を一番強く被ったのが地域社会と地方自治であったのです。その典型は、人口の都市地域への集中という現象に見舞われた地域と、それとの相対的関係にある郡部地域からの人口流出という現象に遭遇した地域でありまして、それらの地域における自治行政への影響であったのです。

昭和二五年における都市人口は約三千万人で、わが国総人口の三七・五％でありました。それが、昭和三〇年には五千万人（五六・三％）になり、郡部人口を追い抜いたのです。ただ、この時期における都市人口の増大は、人口流動によるよりも町村合併により制度的に「都市」の数が増えたことに起因するところが大であったことに起因します。がしかし、その後の都市人口の増大は、ほとんど郡部から都市部への人口移動によるものでありまして、その流れは昭和三五年には五千九百万人（六三・五％）、昭和四六年には七千五百万人（七二・七％）にも達しているのです。

他方、郡部人口はどうかといえば、昭和二五年には五千三百万人（六二・五％）であったのが、その後急激に減少しはじめ、昭和三〇年には三千九百万人（四三・七％）となり、同三五年には三千四百万人（三六・五％）、同四六年には二千八百万人（二七・三％）へと減少していきます。その大部分は郡部の社会減と呼ばれる、いわゆる郡部から都市部への流出人口であったのです。

こうした人口動態をさらに東海道メガロポリス（関東臨海、東海、近畿）とＤＩＤ地区への集中状況から見てみますと、昭和四〇年時点で、前者に四千七百七三万人（四八・五％）、後者に四千四百六〇万人（四五・三％）が集中していたのです。

さらに、次図に示すように、都市規模別の人口の集中割合をみますと、昭和四〇年時点では人口一～二万の市町村に一四％程度、以下人口三～五万の都市段階、五～一〇万の都市段階、一〇～二〇万の都市段階、二〇～五〇万の都市段階にそれぞれ一二％程度が集中し、さらに人口百万以上の都市に二〇％程度が集中していることが分かります。

以上のことから、日本列島のなかで東海道メガロポリスに人口が集中し、その中でもとくに人口百万以上の都市にいかに多くの人口が集中してきたかということが容易に理解されます。

他方、一定の地域性を基盤にする地方自治の営みには、その地域への愛着が芽生えるに越したことはありません。しかし、そのためには地域への定住性が必要であります。けれども都市化は、人口の流動性を促進しているのです。

たとえば、昭和三〇年のわが国の総人口は八千八百六八万人でありました。そのうち市町村間の移動をした人口は五百一四万人、移動率にして六・三％であったのです。それが五年後の昭和三五年には総人口九千二百八四万人、移動人口五百六五万人、移動率六・一％を示し、以下、同様にみていきますと昭和四〇年には、九千七百六八万人、七百三八万人、七・六％、同四五年には、一億三百二三万人、八百二七万人、八・八％の人口移動が行われており、いわゆる都市化現象を規定するところの「人口の流動性」が高まっていることが一目瞭然であります。

このように都市化は、人々の地域への定住性を弱め、地方自治へのマイナス面を助長してきたので

都市スケール別人口の全国シェアの変貌

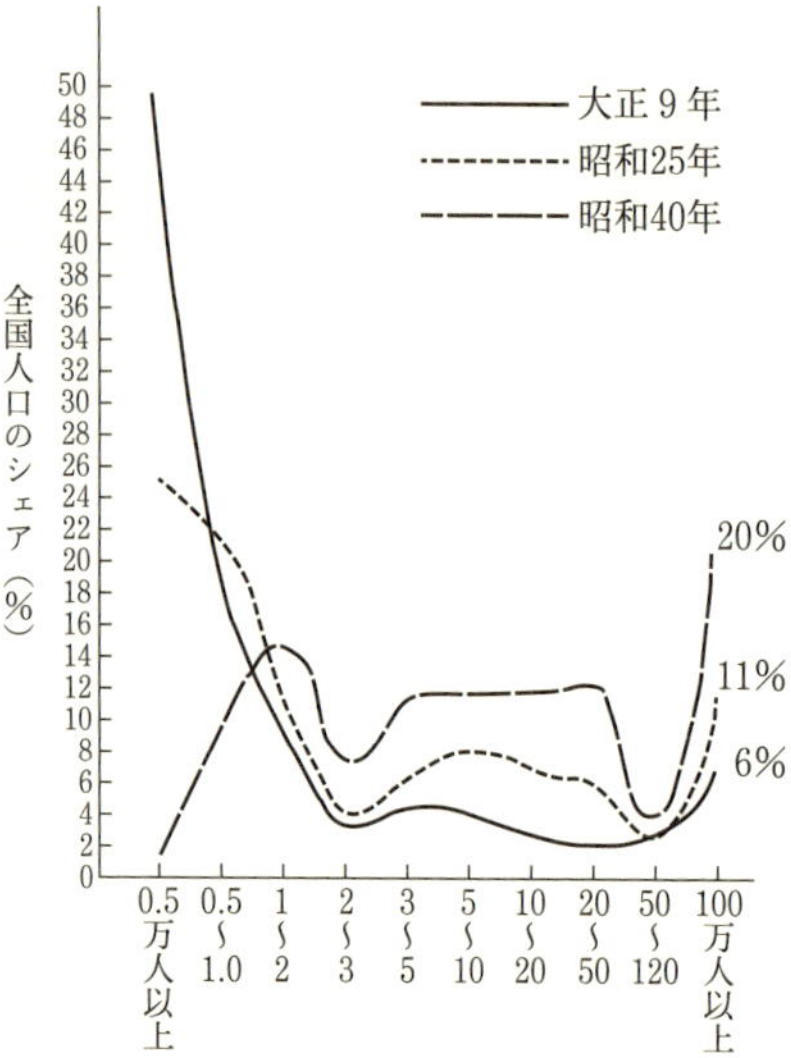

都市の人口スケール（万人）
出典：角本良平著『通勤革命』
（三一新書、1966年）

す。もちろん都市化が地域社会や地方自治に影響を与えたのはこれだけではありません。人口が集中した大都市およびその周辺では、人口増加とそれに見合う都市施設の需給アンバランスから過密問題の弊害に苛まれることになりました。たとえば、道路交通機能のマヒ、ラッシュアワーの混雑と通勤・通学距離の遠隔化、水不足、地盤沈下、大気（空気）汚染、河川の汚濁、無秩序で貧弱な住宅街の拡大、土地価格の高騰、物価上昇などがそれであります。これらは都市機能の悪化をもたらすだけでなく、そこで生活する住民の生活基盤や拠点をも根底から脅かすことになったのです。それに対し、人口流出を余儀なくされた地域では、いわゆる「三ちゃん農業」に代表されるように人口の老齢化と急減少、出稼ぎや挙村離脱などの空白化現象がすすみ、地域社会の存立基盤すら危ぶまれるという、そんな状況に陥ったところも出てきました。

また、新興開発地域では、進出企業と地域住民の間や在来・新参住民の間でさまざまな軋轢を生ぜしめ、共同体的な秩序の喪失をもたらしはじめました。

このように、都市化が進行する時代にあっては人口を吸引した地域も流出させた地域も、さらには新興開発地域においてもさまざまな問題を内在蓄積させていったのです。しかし、それらの解決のための有効な手段はどの政府レベルもほとんど講じてこなかったのであります。

それゆえ、都市化に伴う変動に見舞われた地域社会とそこで生活している人たちは、自主的および主体的に地縁を基礎とする互いの連帯を確認し、新たな信念に基づく集合的行動の意思表示を示していかざるをえなくなってきたのであります。そこでは、地域住民は地域における伝統的な政治権力構造に訣別をし、新たに自らの手で創り出した社会集団を通じて政治に参加する、といった行動をとるようにもなっていったのです。これが運動・参加の発生経緯といえるものです。

3　地域社会に生起した問題の性格

経済の高度成長や都市化に伴う地域社会の変動は、上に触れたように、さまざまな問題を地域社会に惹起させてきました。しかもそれらの問題は地域住民の日常生活にも大きな影響を与えるものであったのです。たとえば、経済の成長政策の一環たる地域開発は、開発用地を提供した農民や漁場を放棄した漁民らの生活再建に問題を惹起してきましたし、さらには騒音や大気汚染、水質汚濁、地盤沈下などに代表される公害や生活環境の悪化・破壊という問題は、その大部分が開発誘致に伴う企業の立地・操業によるものであったのです。

また、経済合理性を追求する通過交通としての高速自動車道路網の建設、空の交通拠点となる空港や各駅停車を捨てて産業拠点都市間を超特急で結ぶ新幹線鉄道の整備は周辺住民の日常生活に振動や騒音といった直接的圧迫をもたらすことにもなったのです。

くわえて、住宅不足をはじめ、下水道や都市内の生活道路の貧しさ、中小河川の氾濫、住区の近隣公園不足といった社会資本の立ち遅れはいずれも地域住民の日常生活に多大の悪影響を与えていったのでした。換言すれば、それらの問題は地域住民の日常生活上の問題という特質をもっていたのです。なぜなら、それらの問題が解決されていかなければ地域住民の日常生活は脅威にさらされるか、そうでなければ安全で快適な日常生活への期待が裏切られるかのどちらかになるからでした。それらはまた、地域住民の居住地の問題、つまりは「生活拠点の問題」であり、悪臭がするからといって、日当たりが悪くなったからといって、おいそれと居住地を移るわけにもいかない、そのような性質の問題でもありました。

また、寒村地域の住民が生活破壊に見舞われたので財産を処分して都市に出ようとしても、よほどの資産家でない限り経済的に困難でありますし、仮に都市に生活拠点を確保できたとしても都市生活が可能な所得を得られる職業に就けるかどうかも難しく、その地での将来に期待が持てるかどうかも保障の限りではなかったのです。つまり、都市化がもたらす諸問題は、地域住民にとっては生活拠点の問題であると同時に生活基盤の確保の問題でもある、という性格をもっていたのでした。

本来、地方自治体は、地域住民の意思に基づいて住民相互の生活の向上と当該地域社会全体の利益を増大させることを任務としています。だが、その政策主体としての自治体は、もっぱら国の政策が当該自治体にとっても有効な政策であると促され、地域住民の意思とは無関係にそれを実施してきたのです。その結果、地域社会に混乱を発生させる面も否めなかったのです。それは、自治体が政策主体としてよりも国の政策の実施主体として中央政府のイエスマン的存在にならざるを得なかったからでありましょう。

確かに自治体行政は経済関係行政と生活関係行政とのバランスを保ちながら展開し、地域全体の公共の利益を高めていかなければならないのです。しかし、新産業都市建設のような大規模開発は、自治体行政にとってはなじまない性質のものでありました。それにもかかわらず、一部の利益誘導型政治家や開発利益に群がる利益集団の後押しによってバラ色の夢を追い、生活関係行政を後回しにしてきたことは事実であります。しかも行政は、開発の効果だけを期待し、開発に伴って将来生じるであろうマイナスの諸問題の予測とそれへの対応とを怠ってきたこともあるのではないでしょうか。

一方、開発政策に反対する政党や集団も将来の地域社会の変容に対する洞察力に欠け、もっぱら反対のための反対ではないか、あるいは地域住民の不平不満を党勢拡張に利用しているだけではないかと見做され、却って一般の地域住民からは敬遠される面もあったようです。いまでこそ乱開発の防止などといわれていますが、当時は国の開発方針もバラバラであって、それが地域社会に混乱を引き起こす要因にもなっていました。それでも地方自治体は先を競って国の開発政策の誘致に奔走し、そうした政策の実施にあたっては国の指導監督をうけながら取り組んできたのであります。その結果は前に述べましたように、地域住民の生活基盤の問題や生活拠点の問題を噴出させてきたのでした。

このようにみてくると、地域社会の変動によって生じた諸問題は、すべからく政治上の問題として浮上してきたと位置づけることも可能です。率直にいえば、それらの問題は、伝統的な政治機構である選挙・政党・議会・政府などがそれ本来の機能を発揮しないで見逃してきた問題でありましょう。揶揄的にいえば、それらの政治機構が不勉強かつ住民無視で御都合主義の政治を行ってきた結果の問題ともいえるものでもあります。

くわえて、これらの問題に政治性を与えてきたのは、問題の解決を求めて意思表示をしはじめた地域住民の集団組織化でもあったといえます。地方自治は地域住民の意思と行動に基づく政治参加に支えられるところが大きいだけに、このようにして生起した問題はしたがって、地方自治の本質を問うとともに、今後の地方自治のあり方を暗示するものであったといえるかもしれません。

4　伝統的政治機構の実際的な働きに対するアンチテーゼ

ところで、多くの人々が地方自治に関心をもつようになった背景には、地域社会に生起した問題が地域住民の日常生活と深いかかわりをもっていたこと、そして、それらが本来ならば、制度上の政治機構によって解決処理されていかなければならないのに、逆に政治機構の働き方によって問題が創出され、その解決策のおくれもその政治機構の働き方にあったからではないか、という点です。だから地域住民のそれらに対する厳しい目は問題の原因追及と政治機構の働き方ないし働き具合に向けられ、地域住民の自発的エネルギーの発揮に基づく問題解決のための行動として現れてきたといえるのであります。

それらの行動は地域を基盤とする住民らの集団的行動となって身近な政治体である自治体に矛先が向けられ、そのことが自治体への住民運動とか住民参加とか呼ばれるようになってきたのです。

こうした現象は当初、政治機構の働きに対する是正運動として、次いで要求運動へ、さらには反対・拒否運動へ、そして政策形成過程への参加・参画ともなる提案運動へと発展していく下地を孕んでおりました。地域住民がこのような経験を積み重ねていくうちに、それまで自分たちがとってきた政治姿勢、つまり、お任せ民主主義とか顧客民主主義とかに別れを告げ、問題解決のためには自ら主体的に取り組んでいってこそ初めて成果が出てくることに気づき始めたからであります。

いずれにしろ、日常生活上の問題の未解決は、政治機構が有効に働かないことによる結果であることを明らかにし、それを改善していくには地域住民の主体的かつ自主的な政治への参加行動が必要なのだという、自治の原理を地域住民に気づかせてくれたのでした。

こうした地域住民の気づきと自主的な参加行動が政治機構を有効に機能させ、そのことが地方自治の充実・強化にもつながるのではないか、そして、そのためには地域住民が自治の原点にたって自律的行動を身につけていく以外ないのではないか、ということを地域住民に理解させ、それらを媒介に、地域住民をして実践の方向へ歩み出させたといえるのであります。つまり、地方自治の現場における他力本願型から自力本願型への転換が地域住民の日常生活の中から湧き起こり始め、その動きが運動から参加へ、参加から参画への流れに変化していったといえましょう。

かくして人々は、伝統的政治機構たる政党、議会、行政などに対しては、よほどの支持者でない限り信頼と期待を寄せなくなりました。その理由は、地域に発生する諸問題の受け止め方が地域住民と政治機構との間に大きなギャップがあって、それを埋める努力が双方にみられなかったからであります。つまり、地域住民は脱イデオロギー化し、彼らが政治に求める関心事は身近で個別具体的な問題解決であるのに対し、政党や議会の能力ではそれらを適宜にくみ上げることができなかったからです。このような状況を反映してか「脱政党化現象」の進行には著しいものが見られだしました。

たとえば、昭和四六年の都知事選時における政党支持率は六三・一%でありましたが、それが同五〇年一月三日の毎日新聞発表では五二%に落ち込み、ほぼ半数の人が政党を支持しない状況となりました。また、昭和四九年一二月三一日現在における地方公共団体の議会議員および首長の所属政党派別人員をみますと、総数七万六千九百二六人のうち、自民党所属九%、社会党所属四・九%、共産党所属三・八%、公明党所属三・四%、民社党所属一・一%、諸派〇・四%となっておりまして、残り七七・四%(五万七千八百三七人)が無所属でありました。

このような脱政党化現象は政治的なイデオロギーの入る余地が少ない地方自治レベルで顕著にみられます。したがって、各政党が地方自治を政治戦略の手段に利用するとしても、それには地域住民の脱政党化、無党派化による限界がありますし、また、都知事候補をめぐって展開されたような政党間の党利党略は、都民と地方自治を無視したものと受け取られがちであり、かえって脱政党化を助長する手段だったようです。

地域住民が伝統的政治機構に飽き足らなくなって、自ら参加できる新たな政治機構を地方自治に求めてきたのは、殆ど政権交代のない政治状況と、そうした状況を支えてきた既存の政党や議会への期待感の喪失によるものでありました。今回の地方選挙において各政党は、地域住民を惹きつけるような地方自治の強化策を打ち出したといえるでありましょうか、それとも政権維持や政権獲得のために地方自治を政治戦略の手段として利用しただけであったといえるのでしょうか。この点、いまなお、いずれも曖昧なままのようです。

5　自治を住民の手に

いま、地域住民は「自治」を自分たちの手中にしようとしているようです。それは地域の問題を自分たちの手で発掘し、その解決処理に必要な能力や資源や労力などを出し合い、可能な限り自分たちの力で対処していこうとする姿勢に見て取れます。つまり、地域の問題解決には地域住民が自主・自律的に取り組んでいくという意思を表明し、その意思を実際の行動に繋げていこうとする自治的行動がその具体的な姿であります。

しかしながら、わが国の地方自治レベルにおける地域住民の自治的行動にはいまなお多くの問題が残っております。たとえば、一九六四年の東京オリンピック、一九七〇年の大阪万国博覧会、一九七二年の札幌冬季オリンピック、そして一九七五年の沖縄海洋博覧会といった、国家的行事が展開される際、それらを成功裡に遂行するには大規模な開発行為を伴っていかなければならなかったのです。それらの成り行きを見ていますと、地域住民は国家的行事とか国威発揚とかいうと直ぐに「イエスマン」的に協力しがちとなります。しかし、このケースはどこかの国の地域住民のように、オリンピック開催誘致が決定され、会場整備のために大規模の開発が行われようとした際、それが地域の環境破壊につながるばかりか莫大な税金を投入することになるならば、オリンピック誘致には反対であり、返上すべしという意思表示をしたところとは大違いであります。

たとえば、一九六八年の冬季オリンピックを開催したフランスのグルノーブルや札幌の次の開催予定地となっていたアメリカのデンバー市の例は、地域住民が「自治」を自分たちのものにするために意思表示した立派な例といえるのではないでしょうか。

グルノーブルの場合は、一九六八年のオリンピック誘致が決定されたとき、「満足な市政もやらないで国威発揚のためのオリンピックに力を入れるとは何事か」という市民の不満が「市政行動連盟」をつくらせ、「オリンピックを生活向上へ」を合い言葉にして行政改革、環境整備で目ざましい実績を上げたのであります（高寄省三『地方自治の再発見』より）。

また、デンバーの場合は、一九七六年冬季オリンピックをデンバー市で開催するかどうかの住民投票が行われました。その結果、オリンピック関連事業への税金支出を禁止する州法と市条例の一部改正が賛成多数で可決され、ついにデンバーでのオリンピック開催は返上されたのであります。

ここでも「コロラド州の将来のための市民連合」が結成され、その連合はオリンピック開催に反対する理由を次のように掲げたのであります。

一つはオリンピック施設に金をかける前に、もっと先になすべきことが沢山あるという納税者の立場から考えて、

二つは自然環境が破壊されるからという自然環境保護派の立場から考えて、

がその反対理由でありました。

いかに「国家的行事」といえども地元住民の意思や権利を無視しては成立しないということがここに示されているようです（『朝日ジャーナル』昭和五〇年三月二〇日号）。

この点、グルノーブルでもデンバーでも住民が意思を表明し、当然の権利を主張することによって公共利益を守ったということであり、「自治」を自分たちの手中にして機能させたということでありま

しょう。このような動きはわが国でも沖縄海洋博会場をめぐってみられましたが、それは計画が実施される過程での抵抗ないし拒否運動的でネガティブな性質のものであり、自治の正機能的なものではありませんでした。なぜならそれは決定過程への参加行動ではなく、執行過程での参加行動であったからであります。

わが国の地方自治体が住民参加を唱えることはよしとしても、しかし、地域住民がいかなる問題の解決のための参加であるのか、十分な情報提供とそれによるインテリジェンス活動を行っていかなければ、一歩も前進していかないのではないかと思います。

これまでわが国では、行政当局が原案作成したものを審議するといったことが殆どであって、地域住民の政策形成過程への参加は形式的で、したがって実質を伴わないものでありました。だからそれには行政による住民包絡というべきか、地域住民が選択したり創造したりする余地もなかったのです。このような参加状況では先にみたグルノーブルやデンバーのように「自治」を自分たちのものにしていくということとは大いに異なり、自治を手中にしていくことは頗る困難ではないかと思われます。

地域社会の変動によって生じた地域生活上の問題や生活基盤の問題も地域住民が自ら立ち上がり、それに伴って行政当局も参加を唱えるほどに成長していけば、おそらく、政策過程への住民参加も実質化していくに違いないでしょう。しかしそこまで辿り着くには長い時間と十分な模索を必要とします。短兵急な進め方は公正性に欠けるどころか地域住民の自発的エネルギーを削いでしまいかねません。

そこで最後に、筆者が調査したロサンゼルス市内の近隣住区における住民参加の実際から、わが国の自治体では欠けているが、しかし重要で大いに参考になると思われる点を簡単に紹介しておこうと思います。

まず第一は、政策形成及び決定の内容に関するどんなに些細な問題についても関係住民のための公聴会を徹底して行うことが必要です。これは政策過程に関する情報を共有化し、課題解決に必要な能力と資源を出し合えるか否かを地域住民同士で決めていくことでもあるからです。

第二は、地域住民の現実の要求と願望を把握するために、アンケートおよびヒヤリングの調査を実施し、その結果を政策過程にきめ細かく反映させていくことが不可欠となります。

第三は、あらゆる手段を使って住民に情報を提供し、常時、住民が地域政治に関与できるシステムを確立・確保しておくことが大切です。

第四は、地域の目標設定に関し、計量化できるものは専門家に委ねるけれども、その内容については分かりやすく理解しやすい形にし、機会あるごとに地域住民が地域政治について勉強でき、いつでも関与できるようにしておくことが望まれます。その際の方法としては住民と行政が地区懇話会などを年二回程度開催し、意見交換などをしていくべきでしょう。

第五は、ある施策を実施するに当たって住民の間に異議が生じた場合は、住民が納得するまで施策を中止し、公共の利益を優先する規準について住民が納得できるように議論していくべきでしょう。

最後の第六は、複数の「目標」を案として用意をし、自治体区域を細区分した住区単位で公開討論会、パネルディスカッション、専門家による講演会を実施していくことです。それによって地域住民の関心ある争点や問題解決の優先順位について住民同士が意見交換できる機会と場を設け、可能な限り住民の納得を得て進めていくことも自治の基盤を強化していくことになるのです。

以上は重複している面もありますが、地域住民が自分の力で自治を営んでいくことを分かりやすく示したもので参考になれば幸いです。

6　おわりに

いかなる契機によるにせよ、地域住民が自らの自発的エネルギーを発揮し、複数住区の地域住民が互いの意思で共通の利益を実現しようと努力しはじめるとき、その意識と実践は地方自治に活力を与えるばかりか、現代の政治機構たる地方自治にデモクラシーの基礎としての役割を発揮させている点に留意する必要があります。そのことが地域住民をして「自治の主体者はわれわれであり、われわれのための自治である」という認識を深めさせていくのではないでしょうか。

したがって地方自治の充実・発展は、地域住民が自らの参加行動の実践を通して体得していくものである、と考えられますし、そこに「地方自治とデモクラシーの不可分の関係という論理」が構成されていくのではないかと考える次第であります。

以上で、私の講話を終わります。ご清聴有り難うございました。

【講話3】

都市の規模と自治

～デモクラシーの観点から～

1　規模論への取組姿勢

都市の規模に関する問題は古くて新しい問題であります。また、これまでも多くの分野から多角的に接近されてきた問題でもあります。日本都市学会でも第二〇回大会（昭和四八年）においてこの問題がメイン・テーマの一つとして取り上げられ、学会としては珍しくホットな論争を呼んだ問題でありました。

ここでは、都市規模をめぐってこれまで論じられてきた内容を仄見しつつ、ややもすれば抽象論的、没価値論的に論じられがちであった自治ないしデモクラシーと規模との関係面を、ロバート・A・ダール[1]らが問題提起した観点、つまり、都市づくりの主体としての自治的市民の論理から考察を加えてみようと思います。なぜなら、都市の規模がどれくらいの大きさであれば適正であるかという問題は、すぐれてその都市を形成し、その都市で生活している人々の価値観によって定まるからであります。しかもその際、個々人の価値観はそれぞれ異なっているから、各人がある程度満足できる価値の統合化が必要になります。したがって、そうした価値の統合を図っていく場合、個人の価値意識を無視しないで、そのうちのどれほどかが統合化のために有効に活かされているのだ、という感覚を各個人に抱かせられる

（そのための手段なり方法も含めて）規模こそが、その都市で生活している人々にとっては適正な規模と考えられるのではないか、と思うからです。

もし、かりにそうだとすれば都市の適正規模いかにという問題は、その都市その都市における市民の価値意識やその価値の統合作用のあり方によって異なってくると言わざるをえません。つまり、その都市をつくりあげていく人々と、その時点までに出来上がった器としての都市との相対的関係において、その時における適正規模は決まるということでありましょう。しかもそれは、時代の変遷につれて人々の価値意識が変わっていくようにその適正さも流動的なものとなっていくかもしれません。

都市の適正規模の問題について、このような仮説を立てれば、これまで論じられてきた都市規模論のうち、当該都市市民の意思とは関係なく接近されてきた画一的都市規模論[2]、たとえば、没価値論的計量手法に基づく規模論、行政経営上の効率論的規模論、国家政策遂行上の用具ないし手段的規模論といったものは、たといそれらにいかなる意義があるにせよ成立しないのではないか、と思われます。

2　規模論の変遷とその今日的位置

人間の社会的構造物としての都市がいったいどのくらいの大きさであれば適正であるかという問題についての論議は、遠くギリシャ都市国家（City-State）時代にまで遡ります[3]。それはある一定の自然地理的空間を基礎に形成された小社会＝都市が外敵から自らを防衛し、経済的には自立し、その小社会の成員の意思に基づいて決定をスムーズにしていくための、政体論的視点に立つ規模論であったようです。

たとえばプラトーは、[4]『プラトーの対話』(The Dialogues of Plato, vol. II, V738, 742 VI 771p)のなかで、都市国家としての政体の規模は、市民が互いに顔見知りで、できる限り友情を抱けるほどの小さな市民集団からなることを主張し、およそ五〇四〇人の家長からなる人口規模をもって最適としました。また、アリストテレスは[5]『政治学』(Politics, 318-321)において、自給自足できないほど少ない人口と、互いの性格をもはや知りうることができないほどの多くの人口との間に政体規模の最適性があると論じています。いずれも人口規模と人々の間の直接的コミュニケーションの度合を指標とした規模論で、小規模性に価値をおいた考え方です。

では、政体の小規模性にはどんな点で価値があると考えられたのでしょうか。ロバート・A・ダールは先哲二人のこの主張の中に次のような価値を見出しています。[6]つまり、一つは、政体が小規模であれば、人々はいろんな点で決定への参加や政体のコントロールのための多くの機会をもてるようになり、二つは、政体の構成員が少なければ、彼らは互いに知り合うことができ、互いが抱えている問題を理解しあい、かつ、友情感覚を互いに促進していくとともに、三つは、それらが基礎となって政体が直面する諸問題を総合的、全体的に分析し討論していくことを可能ならしめるという点です。そして四つは、その政体が小規模で完全な自治を営むならば、その構成員は自給自足でなければならないし、生活は質素でなければならないが、そのことは五つとして、構成員間の不平等意識や妬み意識をなくしてくれ、したがって、その質素さこそデモクラシーの価値とも考えられると指摘しているのです。

このように都市を一つの政体として考え、その規模のあり方をデモクラシーとの関連で価値づけてきた見解は、ギリシャ時代以来、二〇〇〇年余にわたって政治理論に大きな影響を与えてきたのです。

たとえば、一八世紀の政治思想家ジャン・ジャック・ルソー(7)は、規模が小さく、市民の生活が質素であることを民主政体の本質であると考え、政策の形成や決定に市民が効果的に参加する機会は、人口規模が大きければ大きいほどその決定に対する市民の共有感は希薄になると主張しました。したがって、平等、参加、政治に対する効果的制御、政治的合理性、友情、合意といったものは、政体の人口規模や領土が大きくなるにつれてその有効性を失わせていくことになるので、政体の小規模性のもつ政治的価値を重要視したのであります。

しかしながら、たとい理論上はそうであるとしても、実体としての政体の規模は時の経過とともに拡大していき、その間に民主政治理論のジレンマ(8)がみられるようになりました。つまり、それは、一方において政体の規模が小さければ大きな政体の力に従属させられ、他方において政体の規模が大きくなればその内部の脆弱性によって自壊していくというジレンマであります。

このジレンマ解消策として登場したのが連邦形成論や間接民主政論です。それらは時代環境の変遷に伴う政体規模の変化のなかでその政治運営上における実践的目的のために構想された理論でありました。

モンテスキュー(9)は、連邦を形成することで、小規模政体はその小規模さゆえの外部的危険性から、また、大規模政体はその大規模さゆえの内部的危険性から免れられる、と指摘しました。ジョン・S・ミル(10)は、社会のあらゆる要求を十分に満たしうる唯一の政治は、国民全体が参加しうる統治であるとしながらも、規模が大きくなればどうしても全員が決定に参加することはできないので、現代世界にとっての理想的な、最良の統治形態は「代議政」であるとして、古典的な小規模性のもつデモクラシーの価値を引っ込めたのでした。

かくして、デモクラシーの軌跡は小規模の都市国家から大規模の国民国家へ移行し、規模の拘束性から離れたようにみえたのです。しかし、規模とデモクラシーの関係についての古典的な考えは、反集権論者、地方自治の擁護者、草の根民主政治論者、参加デモクラシーの唱道者らによって、コミュニティや近隣社会などと同様に、より小さな単位における特別のデモクラシーの価値として守りつづけられ、それはまたデモクラシーがどんな点で小規模性と結びつけられるかという点の理念モデルとして生きつづけてきたのです。そして、それがいまやモデルの領域から実践の領域へと移行しようとしているのです。

ロバート・A・ダールらの研究[11]によれば、市民の政治参加の有効性とシステム容量との双方を極大化する政治システムは次のような三段階を経て今日に至っている、とのことです。すなわち、

第一段階は民主政治の目的のために最適であると考えられ、一八世紀までの長きにわたった都市国家のそれである、

第二段階はデモクラシーのための適切な単位として都市国家から国民国家へと、実践上は全面的に、理論上は部分的にとって代わった一八世紀以降の国民国家のそれである、

そして、第三段階はそうした国民国家がヨーロッパ共同体のように複雑に連合した政体にとって代わろうとしている現在のそれである、と。

要は、主権体である国家としての政治システムと同じようなかたちで、一国内の自治体においても自

治体間や一自治体内における住区単位間の連合的（多元的）自治システム[12]が、解決すべき問題の規模と市民の有効性とそのシステム容量との関係で、理論としてよりも実践として取り入れられてきている、ということであります。それは現代社会が社会的経済的諸条件の変化に伴って急速に人口の増加をきたし、しかもその人口が一定地域に定住することなく地域から地域へと流動することによって、その社会における問題の規模を拡大させてきているからです。

だから、それらに対応する実践的システムとしてその連合的自治システムは構想されてきた、といえるでしょう。それは、ある一つの地域が村から町へ、町から都市へ、都市から大都市へと変化していくことを意味し、それに伴い人々の生活は、連帯性が薄くなり、その地への帰属意識を欠いた、相対的に孤立し疎外された個人を生み出していくことへの対応でもあります。

そのことが複雑かつ多種多様で広狭深浅のさまざまの問題を、まずは自らの生活の場に投げかけ、それが次第に膨らんでいくことによって身近な自治体へ、さらに広がってリージョンへ、国家へ、と投げかけていくことになったのです。加えて、現代社会における高度の相互依存性は、問題の性質や規模と同様に、人々を固定した政治単位に属させてはおかず、さまざまの複数の単位にかかわりをもたせるようになってきます。だから、そこでは必然的に諸単位間の適正な関係が確立されなければならない、という状況も出てくるのです。

以上のような一連の現代社会の特質は、個々の市民の政治的非有効性や政治に対する無力さを増大させる方向へ導いているようであります。だが、それに対する適切な政治理論も構築されないまま、政治の機能を低下させてきているのが現状ではないでしょうか。

いま、世界の各地においてその打開策ともいえる実践が、市民にとってもっとも身近な政治単位である自治体内において展開されつつあります。それはアメリカ合衆国の大都市を中心にして設置されつつある近隣住区構想[13]や、イギリスのスコットランド地方におけるコミュニティ・カウンシル[14]などにみられ、わが国でも東京・目黒区で実施されている東山住区協議会[15]や島根県広瀬町における合併前の「大字」を単位とした「ムラ協同組合[16]」などにみることができるのであります。

それらはさまざまなかたちではありますが、共通している点は、現代社会の特質が市民の政治的有効性の感覚をいかに削ぐといっても、なおも市民の政治感覚を獲得できる場を求めて、つまり、日常生活において人々が対処しなければならないもっとも基本的で重層する問題領域と比較的安定した員数領域とをもって「政治的有効性の単位」としている点であります。それは地域によって、問題によって、員数によって大小の差異はあるでしょうが、既存の政治制度上の規模より小規模であることに変わりはないようです。

このことは規模の多様性や異質性を認めたうえで、市民の政治的有効性の感覚を醸成すべく現代社会に見合ったかたちで創造し活性化させせいく方法ですが、より重要な点は古典的民主政治理論の再編成にあり、自らの問題は自らの能力で処理していくという自治の原則を、新たな民主政治理論を構築し機能させていくキー概念にしていることであります。

ややもすれば孤立し疎外されがちな現代社会における市民たちが、自ら主人公になって政治生活をコントロールしていくという、このシステムを実現できるかどうか、いまだ問題なしとしませんが、民主政治思想が否定されない限り、そのシステム構想は具現化の方向を辿っていくのではないか、と思われます。
以上のことから、今日における規模論の位置は、異質で多様な小規模性を基礎に、それらのいっそうの充実と、それらの集合的システムにおける諸関係の適切なあり方を希求する状況にある、といえるのではないでしょうか(17)。

3　わが国における規模論の特徴と問題点

どこの国でもほぼ同様な現象ではありますが、都市の規模の問題が緊急の課題として浮かび上がってきたのは二〇世紀に入ってからといってよいでしょう。その基本的要因は人口そのものの急激な増減の変化であり、しかも社会的経済的変化に伴ってそれら増加した人口の大部分が都市部に居住するようになったからといえます(18)。現代社会が都市社会といわれるのもそのためで、先進諸国における都市部人口は各国とも総人口の七割以上を占めるようになってきているのです。

ということで、ここでは、端に規模論といってもそれは必然的に都市規模を論じているのだと受け止めてもらっても構いません。前節においては規模とデモクラシーの関係について主権体としての政体単位とその政体における内部単位について述べてきましたが、ここでは一応、非主権体である日本国内の内部単位である都市自治体を中心に、その規模をめぐって論じられてきました内容と傾向を一瞥し、それに内包されている問題点を指摘しておきましょう。

わが国において自治体規模の問題が話題にあがってきたのは戦後のことであります。それも新しい地方自治制度になって自治体に「自治権」が付与され、それを有効に行使していくためという上からの目線による詭弁的方策に付随して規模論[19]が論じられてきました。それはおよそ当該自治体住民の意思とはかかわりなく、もっぱら国家政策の一環として推進された規模論であったと思われます。

その具体は昭和二八年の町村合併促進法に結実していきますが、その基本的考え方は、小規模自治体ではあまりにも自治能力が弱体であるため、規模を大きくすることによって行政の能率化と財政基盤の強化を図り、いわば強固な自治体を建設していくということでありました。その結果、たしかに自治体規模は大きくなりましたが、はたして目論まれたように自治体（力）は強固になったでありましょうか。この点、もはや指摘するまでもないでしょう。

こうした中央政府の政策的要請からの都市規模論[20]は、その後、昭和三一年の「新市町村建設促進法」、昭和三七年の「新産業都市建設法」、昭和四四年の「広域市町村圏構想」、昭和四五年の「三万人市法」といった、制度化を伴ったものと、いわゆる都市政策そのものの目標として構想された昭和四三年の自民党の『都市政策大綱』、昭和四七年における田中角栄著『日本列島改造論』などに随伴して展開されてきたのです。

それらの根底に流れている思潮は、いずれも「規模の経済性」をキー概念とする資本の論理に則った規模拡張志向のそれであり、規模と自治ないしデモクラシーとの関係を視点とする側面は欠落していたといってもよいでしょう。

ということは、政治学や行政学といった専門分野からの都市規模に関する接近が活発になされてこなかったからではないでしょうか[21]。もちろん、都市規模に関して当該分野からの接近が皆無であったわけではなく、自治との関連から接近された論文も若干見受けられます（【注19】を参照されたい）。

その後、政策志向的側面からの都市規模に関する論議は、少しく赴きを変えて登場してきます。それは、国が経済政策の一環として都市を地域開発の拠点にし、その規模を拡大してきた結果、都市社会にさまざまの問題が噴出してきたことと、それの解決策を市民が当該都市自治体に求めるようになってきたことによります。その結果、市民の声をいかに市政に反映させていくべきかが都市自治運営上の重要な問題として浮上してきたのでありました。

こうした現象は前にも述べた資本の論理を基調とした、国策上の都市規模拡張が進められてきた後半あたりから現れていたのでありますが[22]、それが自治と規模の問題に関連づけて論じられるようになったのは昭和四五年以降のように思われるのです。

といいますのも、「市民主体の市政」をスローガンにかかげて誕生してきた一連の革新自治体による市民参加方式が首尾よく進まず、その原因[23]の一つが自治体の人口規模の過大化とその区域の広範化にあるのではないかと考えられたからであります。つまり、自治体の人口規模が大きくなればなるほど政策決定における個々の市民の影響力は小さくなり、かつ、その比重は軽くなって政治と個人との距離を大きくさせ、それが引き金となって市民の政治からの離脱を進行させてしまうからであります。市民参加方式を唱えて威勢よく登場した革新自治体も実践段階でその無力さに直面し、政治的規模の問題にやっと気づいたのでありました。

当時は保守、革新を問わず、市民参加方式は金科玉条のごとく叫ばれておりまして、その実質化を求めてさまざまな手法や手段が工夫され、それに基づく実験が繰り返されていたころであります。その結果、辿り着いたのが「規模と自治の関係」について真剣に検討していかざるをえない、ということでありました。

そして、この流れが全国の自治体に伝播していったのは、昭和四四年における地方自治法改正の結果を受け、翌四五年度より自治体は施策大綱として基本構想の策定が義務づけられ、それに基づいて自治行政を運営していかなければならなくなったからであります。解りやすくいえば、基本構想の策定にあたっては市民の意思を反映させる必要があり、そのための手段としては市民参加方式の導入がベターである、との考えに辿り着いたからであります(24)。

もちろん、そうはいっても各自治体におきましては、参加の方式やあり方、参加コストと時間、参加そのものに対する姿勢や考え方、参加の意義や価値づけなどに差異がありました。しかし、いずれにせよ「参加」の有効性を考えることによって自治体の規模を図る基準に政治的指標を含ませざるをえなくなったことは注目すべきことでありました。なぜならば、それは自治体の現場における参加の調達という現実的な要請にとどまらず、より根本的には住民参加が自治理念の具現化を導くことになる、ということにあったからでした。

かくして、自治体の現場で提起された問題が従来の規模拡張志向に反省を加えはじめ、自治機構の内部充実を小規模性が有する価値を通して試行されるようになってきたのです。しかし、そこにもまた、さまざまな問題が介在していることを見過ごしてはならないでしょう。それは、たとい、ある自治体において、その内部を細分化した住区単位を設置し、市民が参加しやすい場を提供したとしても、権利と義務の関係のように、決定に参加するだけでその責任の問題が問われない点、また、その住区単位の権限や資金の問題、そして、いくつかの（全部ではない）住区をまたがる問題をどのよう方法で解決していくのかという問題対応の仕方なども随伴していたことです。

もし、そのような場合、住区連合的な形態をとっていくとすれば住区間の関係についてのルールはどうなるのか、さらに、既存の自治体機構と住区の自治機構との関係をどうするのか、といった諸問題も残されている、ということに気づいたからであります。

わが国における都市規模についての議論は、かくして、今やっと自治の原点に引き戻され、そこからデモクラシー理論の再構成を模索しはじめつつ、人々の政治生活上における適正な単位規模のあり方を、実践のあとを追いつつ専門分野から理論的に検討しはじめたということではないでしょうか。

そこでは絶対的に最適の規模が存在するというよりも、ダールらが指摘するように、それぞれの問題がそれぞれの規模の単位にもっとも適合するという点を自治理念だけでなく自治の実践と制度にも具体的に取り入れていくことが前提にされなければならないということです。これからは、そのように規模論を捉えて考究していくことが必要になってきていると思いますが、みなさんはどう考えられますか。

以上で報告を終わります。

注

（1）都市の最適規模をはかる基準のなかには、当然、政治的基準も含まれるべきであり、その政治的基準のなかで最も重要なものの一つが「都市が広範な参加のための範囲を超えているかどうか」という点です。それがデモクラシーと都市の規模の関係に関する問題になるのです。これはイェール大学のR・A・ダールが提起したものです。この点に関しては、内田満『都市デモクラシー』昭和五三年、中公新書、一四一—一五五頁参照、およびRobert A. Dahl & Edward R. Tufte, "SizeandDemocracy",Stanford University Press, 1973, See, pp1-3.

（2）この点については中央政府の政策実現手段として自治体の規模拡張が位置づけられ、そのための理論として規模論が展開されたことは周知のとおりである。

（3）小倉庫次「都市自治とその規模」（『都市問題』昭和三七年六月号所収）を参照。

（4）R.A.Dahl & E.R.Tufte, op.cite., p.5

（5）Ibid., p.5

（6）Ibid., pp.4-6.

（7）Ibid., p.6.

（8）Ibid., pp.6-8.

（9）Ibid., pp.8-9.

（10）Ibid., p.12.

（11）Ibid., pp.41-53.

（12）荒木昭次郎・宇都宮深志共編著『開かれた市民社会をめざして～ニューローカリズムの提唱～』創世紀、昭和五二年、二二九―二六二頁参照。

（13）See, Milton Kotler, "Neighborhood Government : The Local Foundations of Political life", The BobbsMerrill Company, Inc. 1969 and David Morris & Karl Hess, "Neighborhood Power : The New Localism",1975, and George J. Washnis, "Municipal Decentralization and Neighborhood Resources", Praeger Publishers, Inc. 1972.

（14）See, Andrew Rowe, "Democracy Renewed～The Community Council in Practice", Sheldon Press, 1975.

（15）「広報めぐろ」昭和五一年一一月一五日発行と、目黒区発行のパンフレット『めぐろ』通巻No.9, No.76, No.90を参照。
（16）朝日新聞「地方の創造～21世紀への接近」、昭和五四年一月一三日付。
（17）See, R.A.Dahl & E.R.Tufte, op.cit., pp.137-142.
（18）内田満、前掲書、一四一―一五四頁参照。
（19）これについては、日本都市学会酒田大会の発表をまとめて掲載している学会年報1974（vol.8）や、専門誌『都市問題』の五一巻八号、五三巻六号、六八巻一号などに発表されている論文内容から窺い知ることができる。
（20）この点についても上掲誌の諸論文に整理されている。
（21）規模の問題を自治との関連で接近されているのは上掲専門誌に発表された僅かの論文しか見当たらなかった。
（22）革新自治体といわれるものが誕生しはじめ、いわゆる市民参加方式を唱導しだしたのは、国の政策が自治体規模拡張志向の最中にあった昭和三八年であり、その意味で、国の施策に伴う規模論と自治体ないし住民運動側からの規模論とは重複している時期が数年間続いていたといえそうである。
（23）秋元律郎「市民参加と都市規模」（『都市問題』六八巻一号所収）
（24）昭和四四年自治省行政局長通達に端を発した自治体における施策大綱づくりは、その後、地方自治法第二条の改正によって義務づけられ、いわゆる基本構想という将来を見渡した地域づくりの計画化が全国の自治体でなされはじめた。ときあたかも市民参加の唱導期であって、なんらかのかたちでその計画策定過程に市民を参加させる方法が模索され、その結果、多様な参加方式が編み出され導入されていくようになった。
（25）See, R.A.Dahl & E.R.Tufte, op.cite. pp.119-136 and pp.138-142.

【講話4】

国と地方の機能分担

～その課題はなにか～

1　国・地方関係の問題点

われわれが地方自治の母国と称し、ある意味ではそのあり方を手本にしてきたイギリスの地方自治も、その役割についての哲学の欠如から異なるレベルの諸政府間関係やそれらの間の機能配分に混乱をきたし、数年前（一九七四～七五年）に地方自治制度の抜本的改革を進めてきました。それにもかかわらず、いま再びその改革が俎上にあげられようとしております。(1) また、わが国の現行地方自治制度の形成に多大な影響を与えたと思われるアメリカ合衆国の地方自治もイギリスと同様、連邦―州―地方といった異なるレベルの政府間関係とそれらの機能区分のあり方が問われはじめ、この国において伝統的に継承されてきた諸政府間の共有機能（shared function）システムの原理に問題をなげかけてきているようであります。(2)(3)

このように地方自治の先進国といわれる両国もいまや政府間関係とその機能分担をめぐって地方自治のあり方が問題視されておりますが、この点、わが国とて例外でなく、むしろ両国以上にきびしい状況にあるといえるのではないでしょうか。

なぜなら、わが国の場合、国と地方の関係を定位づけることの問題は、そもそも現憲法や現行地方自治制度の制定時から議論の的にされてきたことでもあるからです。しかしその時点においてもわが国の地方公共団体が真の自治運営を経験していなかったがために、その論議も理念中心主義的傾向が強く、経験分析に基づいた実現可能な関係秩序の姿を追い求めたものではなかったのです。

その後、当該問題は、社会環境の変貌とそれに対応する政策環境の変化との間にあって、必ずしも地方公共団体側が期待する方向には解決されてこなかったのであります。逆説的に言えば、そのことが地方公共団体側の自治経験の積み重ねと相乗して問題点を鮮明にさせ、より現実的な解決策を具体的に検討させる機会を提供してくれることになったのであります。

その結果、ここ一〇数年における当該問題への接近をみてみますと、明らかに制度制定時とは違った方法や内容をもって論議されるようになってきていると思います。それは自治の経験分析を行って国・地方関係についての規範的方針を示すとともに自治の現状からあるべき姿に到達させていくための手段と方法が可視的で具体的に挙示するかたちの政策論になってきていることからも理解できるのです。

そのことはまた、当該問題の一方の当事者である地方公共団体が今一方の当事者である中央政府と同じテーブルにつき議論できる状況が生まれてきたことを示しているといえるのではないでしょうか。

その証左はこれまで、当該問題に関する改善策が中央政府ベースの各種答申によって示されてきましたが、いまや関係地方諸団体による改革提言や個別地方公共団体によるデモンストレーションがなされるようになってきていることからも明らかであろうと思います(4)。そうした傾向はまた、当該問題を当事者だけの論争問題にとどめておかず、必然的に当該分野の専門家による好個の研究対象になって多角的な検討が進められるようになり、いまやその問題の核心部分も明らかにされるようになったことから窺い知ることができます。

ところで、先進国といわれる英米といった国々において、なぜ国と地方の関係をめぐる問題がこれほど重要な争点として浮上してきたのでしょうか。ただたんに一連のこうした動きを捉えて国・地方関係の重要性やその意義を展望するだけでは寓言の謗りを免れませんが、一つの見方としてはRalf Dahrendorf が指摘するように、社会的環境の変化に伴って一国のガヴァナビリティに問題が生じてきた、ということに端を発しているように思われます。(5)

どういうことかといえば、従来のガヴァナビリティを貫いていた諸原理とそれを支えていた価値にかげりがみえはじめ、それらに則ったガヴァナビリティの仕組みや構造が有効に機能しなくなったということであります。そこにおいてはガヴァナビリティ・コンセプトの再構築の必要が生じ、その重要な地位に地方自治が位置づけられるようになってきたということ、換言すれば、中央への機能や権限の過度集中傾向がガヴァナビリティを減退させるとともに、デモクラシーの有効性すら衰退させる状況を生み出してきたということ、したがって、その転換をはかるキーとして地方自治のもつ価値が見直され、中央に過度に集中した機能や権限を地方に分散委譲していくことによってガヴァナビリティ回復の方途を考えるようになってきたということであります。

こうした傾向は一九七〇年前後より問題として意識されはじめ、学会においても対中央政府との関係におけるローカル・レベルの政治や行政のあり様が重要な関心領域になってきていたのです。そこにおいては国と地方との関係をめぐっての機能分担論をはじめ、権限委譲論、地方自治強化論、その社会的要請論や阻害要因論など多面にわたって検討されてきております。

このような努力によっておそらく近い将来には新たな地方自治の概念や理論が構築されていくと思われますし、その存在意義や役割の重要性も現実的に認識され、そのうえに立った国と地方との関係整序のあり方も創造されてくるに相違ないと考えられます。

こうした展望はかなり楽観的とみられるかもしれませんが、しかし、それほど国と地方との関係をめぐっての現実の動きと自治強化の社会的要請との重奏はそうした期待的構図を描かせるに十分な響きと重々しさをもった影響を、われわれに与えているように考えられます。

そこで、この講話においては、うえのことを念頭におき、わが国ではどんな経緯から国と地方との機能分担論が取り上げられるようになってきたか、その深化はどの程度はかられているか、また、その問題点はどこにあると思われるのかといった諸点をレヴューし、そのうえでわが国の場合、いかなる条件下であれば国と地方との関係における機能分担は可能になるかについて論じてみようと思います。

2　機能分担論の契機とその観念

国と地方の関係を論じるコンテクストにおいて「機能分担」という用語がわが国で普及するキッカケになったのは、周知のように昭和三八年における第九次地方制度調査会の答申でありました。本来その答申は現行地方自治制度制定いらい遷延されつづけてきた行政事務再配分を眼目としたものでありまして「機能分担」を主題としたものではなかったのです。

そこでは、国と地方公共団体との基本的関係のあるべき姿を両者の協力・協同関係に求め、それを説明するための付随的言葉として「機能分担」という用語が用いられたにすぎなかったのであります。

すなわち、「国と地方公共団体との関係は、歴史的にみれば国が後見的立場に立って地方公共団体を支配する、あるいは、国も地方公共団体と相対立して権限をとり合う、という視点に立って考えられていたことであります。が、現代福祉国家における両者の関係は、決してこのような関係に立つものではなく、国も地方公共団体もともに国家の統治機構の一環をなすがゆえに、国は中央政府として、地方公共団体は地方政府として、国民福祉の増進という共通の目的に向ってそれぞれが機能を分担し、相協力して行政の処理にあたらなければならないというものでした。すなわち、現代国家における両者の基本的関係はそれぞれ機能と責任を分かちつつ、一つの目的に向って相協力する協同関係でなければならない」とするものであったのです。

上の答申を読めばわかるように、「機能分担」という用語は、国と地方の協力・協同関係を説明する文言として用いられており、この文章全体の脈絡からすれば傍点を付けた部分を取り除いてもその意はじゅうぶんに理解されるところであります。

このような見方からすれば、この答申文における「機能分担」という用語はただ無内容的に用いられ、文章としては、その用語は無いよりはあった方が恰好がつく、という程度の意味しかもたなかったのであります。(6) しかし、このようにして登場してきた「機能分担」という用語も時を経るにつれて二つの問題点を提起するにいたります。その一つは、国と地方の関係における情勢変化に伴って「機能分担」ということがコンマ以下の地位からキー・ワードの地位に伸し上がってきたということ、いま一つはそれにもかかわらず「機能分担」とはどういうことかの概念も具体的内容も明らかにされないで一人歩きしはじめたということであります。

前者の問題はまず、第一に革新自治体と呼ばれる地方公共団体の多数の出現により国と地方の関係が従前よりいちだんと対立的きびしさを増し、事務配分や財源配分を絡めたかたちでの地方自治強化論や権限委譲論が排出してきた結果、国もそれらになんらかのかたちで対応せざるをえなくなって中央政府としての役割や地方政府としての役割、そして両者の協力関係といったことを唱えていくうちに、それぞれの機能分担が両者の関係のなかで重要性を増すようになってきた、ということでしょう。

第二には、行政需要の性格がしだいに全国性をおびるようになって中央政府に諸機能が集中してきた結果、さまざまの弊害が生じ、そうした機能の地方への分散を自ずと図らなければならなくなってきた、ということもその重要性増大の動因になっているようです。

前者の問題点は Ralf Dahrendorf の指摘と機を一にしていると思います。これに対して後者の問題は「機能分担」を論じていくうえでの基本的なことがらであり、いくら「機能分担」が重要であるといってもそれの含意していることを明らかにしていかなければ全くの空理空論に終わってしまい、それを唱導する側の現実的都合に左右される危険性をもっているという点であります。

およそ「機能分担」を国と地方との関係整序をはかる政策として位置づけるのであるならば、それの意味論的分析を通じてその概念、具体的内容、意義などを明らかにし、政策に理論的基礎を与えていくことが必要になります。しかし、この点に関しては現在のところ残念ながらさしたる成果は見当たらないようであります。ただ、雰囲気的、感覚的に認識されている傾向が強く、依然としてその内容は曖昧なままであるといっても過言ではない状態であります。

もしもこの状態で国と地方の関係を整序づけるキー・ワードとしての「機能分担」が政策的に実施さ

れていくならば、中央政府の恣意的概念規定によって現在以上に自治運営の困難さを地方公共団体側にあたえていくことになるかもしれません。

このように「機能分担」は国と地方との関係正常化において、一方においてはその重要性を増しつつ、他方においてはその内容の曖昧さのゆえの危険性を伴いつつ、といった基本的ジレンマ関係に現在はあるといえるでしょう。では、そのジレンマから抜け出る方途はないものでしょうか。

考えられることはまず第一に、形式的でも観念的でもよいからその意味内容を規定し、それに対する実際的な共通の認識領域を確立していくことでしょう。第二に、いかなる意味においてその重要性が増しているのかをさらに掘り下げ、そのためには国や地方はどのような役割を担うべきか、また、その基準をどういう考えに基づいて設定し、どのような手段と方法によって遂行していくかの体系化を理論的に進めていくこと、が必要であろうと思います(7)。

こうした基礎的な理論構築のための作業が進展深化していくならば、それはさきのジレンマ解消へと必然的に結びつくことでしょう。しかし、こうした理論構築のための基礎的作業は華々しい政策論議としての「機能分担」論に比して地味であり、すこぶる遅れをとっていると言わざるを得ないのです。

それはこの問題がその前身ともいうべき国と地方の事務配分論の延長として捉えられ、制度論的アプローチがいまなおその大勢を占めているからであります。しかし、「機能分担」が含意している観念は「事務配分」のそれよりも広範なものであり、「事務配分」から「機能分担」へと止揚する接近がそこでは必要とされるのであります。

そこで、この点を意識し、「機能分担」論の理論化に先鞭をつけられた先駆者の視点や理論枠組を仄見し、それをレヴューしつつ、一般的な「機能分担」論の問題点を次にみていくことにしましょう。

3　理論的内容と問題点

第九次地方制度調査会の答申において用いられた「機能分担」という用語が「機能分担論」に昇華していった背景には、それまで幾度となく提案されてきた国と地方の事務配分をめぐる問題がいっこうに改善されず、むしろ改善の主張に逆行するような現象がみられるようになったことへの反省と批判とがあって、そのうえに立っての新たな発想がみられたとのことであります。(8)

この先鞭をつけられたといわれる横浜国大の成田教授は国と地方の事務配分の改革のあり方として「改革の基本的視点は、単なる行政主体間の事務配分としてではなく、むしろ権限ないし機能の配分、あるいはもっとひろく公共的課題の機能分担におかなければならない(9)」と主張され、いわゆる「事務配分から機能分担」へという発想ないし理論の転換を要求するかたちで機能分担の理論化に着手されたとのことです。そして、機能分担問題を論じる基本的視点として次の四点を挙示されたのでありました。(10)

第一には、現代国家の国家構造全体の中で中央政府としての国と地方公共団体とは相互にどのように位置づけられるべきであるかが当該問題の議論の出発点とならなければならない点であります。

第二は現行憲法下における国と地方公共団体とは、国家構造の中ではそれぞれ対等の地位にある行政主体として相互に協力し合う「併立的協力関係」に立つものとなりましたが、その原理が制度や運営の面で少しも実現されていないという点であります。

第三は、現在の国と地方公共団体との関係は旧制度以上に強固なヒエラルヒー・モデルにおける協力関係が濃く、実態的には決して併立的対等関係にはないということです。それゆえ、国と地方公共団体の機能分担のあり方を探求するには、両者を本来の対等性の原則に引き戻す必要があり、その実行をはかるには、現在のヒエラルヒーを形成して対等性を阻害している実態的要素、つまり、中央政府各省の個別法令、国庫補助金、通達、行政指導、計画等を除去していかねばならないという点であります。

第四は、現代国家における地方公共団体や地方自治の位置づけかたの問題であります。現代国家における地方公共団体は、広い意味における民主的国家構成の一分枝として、国民主権に発する自治権を地域において行使する行政主体でありまして、中央政府という意味での国とともに国民と住民に対する責任を相互に分担し合うものでなければなりません。そこでは地方公共団体の自治行政も国益や国の基本的政策と全くかかわりなしに自己完結的に行われるべきものではないことから、国と地方公共団体は有機的なつながりを常に保たなければならないという点であります。

うえの四つの基本的視点は個別独立した問題ではなく、それぞれ相互に関連し合うものであり、どれか一つの視点を論議すれば必ず他の視点との絡みが生じる性質のものであります。そのことからすれば、この問題設定の内容についての幅広い合意を得ておくことは当然であります。

ただ、ここで問題になると思われる点は、国と地方公共団体との関係において、併立的協力関係の原理とか、対等性の原理ということがいかなる理論的根拠ないし背景から導き出され、それがいかなる意味をもつのか、という点であります。

それといま一つの問題は地方自治の本質にかかわる点であります。すなわち、現代国家における地方自治の位置づけ方の問題で、これらの点について合意が得られるならば、そこから国と地方の新たな機能分担関係を模索していくことも可能であると考えられます。

いずれにしろ、成田教授はうえに要約して挙げた四つの基本的視点を設定され、その点から国と地方の機能分担関係を検討される場合の問題点というかたちで機能分担論を論じられているのでありますが、そこでも国と地方の併立的協力関係ということが前提にされており、さきの基本的視点に対する問題点の指摘からすればそれも問題なしとしないのであります。しかしながら、その併立的協力関係を「対立」から「協力」へ、また「上下の指揮監督関係から協力連携関係へ」と切りかえるプロセスとしてとらえ、さらに進んでその成果を「法的併立的協力関係」にまで高める意図を含んだものとしてとらえるならばその限りではないと考えられます。(11)

なぜならば、その場合、併立的協力関係は所与のものとはされず、そこではどういった考え方で、いかなる基準ないし範囲を設け、どのように併立的協力関係を確立していくか、という論理構造と根拠とを明らかにしていく過程としてみる、別言すれば、併立的協力関係を創出する理論形成過程としてみることができるからであります。

そして、このような過程の結果として併立的協力関係や対等性の理論が構築されるならば、そのとき「機能分担」論の理論的深化もはかられ、それの社会的要請とも呼応して政策的に現実味を帯びてくると思われるからです。

とはいうものの、わが国においては国と地方の「機能分担」を論じようとする場合、どうしてもその前提としての国と地方の間の併立性や対等性という問題の検討が避けて通れない、そのような事情があるからであります。

それは、現代国家における地方自治の位置づけ方の問題とも関連してくるもので、アメリカ合衆国や西ドイツのように連邦主義をとっているところや、イギリスのように国家形成よりも地方自治の確立が早かったところの国と地方の関係に関する観念に比べ、伝統的に国家中心主義的観念が支配的であるところのわが国においては、国と地方における併立・対等の関係観念の育ちにくさがあったからではないでしょうか。

これを乗りこえていくためには〝現代国家の充実はそれを構成する地方公共団体の充実がはかられてはじめて達成される〟という下から上への切り換えの哲学を確立し、その浸透をはかっていかなければならないでしょう。

そして、そのことと並行して併立の原理や対等の原則を理論的に構築し、それの実際的効果を多面的にわたって例示できるようになったとき、国と地方の併立的協力関係や対等性の観念も醸成されてくると考えます。このことが「機能分担」論を展開していくうえでの一つの基本的な前提条件になるということです。

このような視座からすれば、わが国における「機能分担」論はいまだ理論的基盤の脆弱さは免れず、したがってその理論的課題も山積しているといわざるをえないでしょう。しかし、こうした観念における理論的未熟さを止揚するべく方向性をもって、成田教授は別の視角から検討を加えられ、併立性と対等性とを包括したかたちでの「機能分担」論を確立するべく構想を唱導されております(12)。それは、従来の事務配分論を中心とした機能分担では殆んど論議の対象とされなかった広い意味における立法機能の分担関係であり、事務配分論はもとより、国と地方との関係全分野を新たに律していくとも考えられる注目すべき観点であります。

それを一言で言えば、国の立法活動と地方公共団体との関係において、国の立法活動に地方公共団体がなんらかのかたちでかかわれるシステムを制度化することであるといえます。

それはまた、国の準立法機能とも思える国家的計画策定への地方公共団体の参加システムの確立をも含意しているものです。この構想の背景になっているものは現代社会における諸事象の急激な変化とそれらを律していくべき国の立法機能の低下ないし適応力の不足から生じているようです。言うまでもなく、国権の最高機関は立法機関としての国会であり、その国会は国民の直接選挙によって選出された代表者が構成し、立法機能を果たすことになっています。

しかし、実体論的にはその機能の九割以上が、毎年、行政立法によるといわれ、必ずしもその地位に匹敵した機能を国会が果たしているとは思われない状況にあります。

では、国会に代わって大部分の機能を実質的に果たしているといわれる行政府による場合はどうでありましょうか。たしかに国会よりも多くの専門家と情報網を擁し、社会の情勢に対応した立法機能を果たしているとはいえますが、それでもなお、社会情勢への適応力が不足して国民の要求や地域の特性に応えられず、現に、さまざまの問題を噴出させているのが実情のようであります。

そのために国の立法機能はいまや臨機応変性、即応性、地域特性、創造性、先見性、大綱性、総合性、などを欠き、硬直性、画一性、弥縫性、独善性、混乱性、拘束性などを惹起させ、無理な解釈運用でもってその場を凌いでいる感じが強いのであります。

こうした弊害の影響は、身近な地域住民の要求を受け、新しい行政需要に対応して各種施策を執行・

実施していくべく責務を有する、地域総合管理者としての地方公共団体に直ちにあらわれているのであります。その地方公共団体には「法律の範囲内で」（憲法九四条）、および「法令に違反しない限りにおいて」（自治法一四条）条例を制定することができるといった、自主立法機能を果たすことが認められているわけでありますが、国の立法機能の低下とそれによる影響は、地方公共団体をして「法律の範囲を超える」あるいは「法令に違反する」ような、実質的な自主立法機能を果たさざるをえないような原因になっているのではないでしょうか。

見方をかえれば、それは地方公共団体が「法律の範囲をこえ」かつ「法令に違反する」ことによって国の立法機能を補完しているということではないでしょうか。

かりにもそういうことであってはならないわけでありますが、実態としては各地方公共団体が地域の実情を反映して独自に対応していかねばならないような事態に遭遇した場合、法令に定めがなければ独自の条例・協定・要綱などを工夫し、また法令に定めがあったとしても当該地域の実情のそぐわなければ法令違反覚悟の対処法（当該住民に対して責任をとる弾力的対応）をとる傾向が一般化しているようです。そのような経緯から、国もそのことを黙認し、あるいは黙認せざるを得ない面があるともいわれております。

このような状況は正常な姿とはいえないのであります。だとすれば、社会の情勢変化に対応する立法機能の適応力を高めていく必要があります。そのためには国の立法活動に対する地方公共団体側の関与を認め、そのあり方、方法、手段等を構想し、それを具体的に推進していくことが重要になると思われます。そしてそのようなシステムを構築して立法活動における国と地方の分担関係が確立され、それに基づいた国と地方の関係に関する法令が制定されていくならば、そこに自ずと国と地方の併立的協力関係と対等性の基盤が形成されていくことにもなると考えられます。

もはや国レベルにおける政党間の利害調整の産物としての、また、中央政府各省間のセクショナリズム抗争の結果としての、画一的で独善的な法令および基準設定は実体論的にみてその有効性を失ってきていると考えられます。そして、そういう状態から脱却していかなければならない必要性も、また、そのために地方公共団体が果たす役割の重要性も、いまや広く認識されるにいたっていると思います。この点、国・地方の議員の皆さんは認識をつよくしてもらいたいものです。

要は、そこにおいて地方公共団体が国の立法活動にどのように関与し、具体的にどんな役割を担うか、についての法理上の問題と、制度化にあたっての方法論上の問題が理論的に解決されれば、具体的で実質的な併立・対等の関係や行政機能の分担関係も確立される可能性が出てくると思われます。

4　「機能分担」の可能性

うえにみてきたように、わが国において国と地方の「機能分担」論を展開する場合、もっとも留意しなければならない点は、国と地方とが上下の関係に位置づけられて機能が分担されはしないかという点であります。それはまた、レトリックで形式的な「協力・協同関係」にも該当することであります。

わが国のように上下的思想が社会の隅々にまで行き渡り、それが一つの社会的規範のようになっているところでは、どんな方法による機能の分担をし合っても、また協力・協同関係を結んでもその結果は〝侍女的な関係〟に象徴されるようなかたちになりがちとなり、従来の機関委任事務的状態となんら変わりがないということになってしまうのではないか、と懸念されるのであります。[13] もっともなことで、このことについては、これまで機関委任事務に関して考察を加えてきた大部分の研究者が指摘するところであり、根の深い問題でもあります。

だからといって、現状を容認し、ただ手を拱いているわけにはいかないでしょう。また、現状の問題点を指摘するだけで、実現しそうもない理想論を唱えるだけでは進展は見られないでしょう。その意味においては、国と地方の関係正常化のために提案されてきた過去の改善策がなぜ少しも実現されてこなかったか、その反省が必要であります。それを踏まえて、その案に対する国および地方の事情をはじめ、そのときどきの社会情勢や一般住民の意識・態度を分析し、その原因を明らかにしていくことが不可欠になるでしょう。そのうえにたって現在の社会的要請を加味した国と地方の関係のあり方を模索していくことが現状打破のための着実な歩みであるとみなければならないと思います。[14]

とすれば、さまざまの問題はあるとしても、「機能分担」論はその模索の一つであり、その着実な歩みといわねばならないでしょう。現に、国と地方とが協力して処理していかねばならない問題が増大してきているとき、国と地方が権限と責任と経費をどのように分担してそれに対処していくかは、まさしく「機能分担」論であり、それはいまや具体的に検討しなければならない段階にきているといえます。

そして、この「機能分担」論が機関委任事務のごときものの拡大再生産につながらないように、一方においてはその理論的深化を地方自治の観念にたって図り、他方においては、さきの国の立法活動に対する地方側の参加の構想のように、地方が主体的に自らの権限を創出して住民の社会的必要に応えていく努力もしていくべきでありましょう。

国のガヴァナビリティの低下も立法機能の適応力不足も地方が権限と責任と財源を獲得してはじめて防げるものになると思います。

注

（1）Martin Cross and David Mallen, *Local Government and Politics*, Longman Group Limited, London, 1978, p.4 本書ではイギリス地方自治制度の改革を必要とする背景分析をおこなったあと、現行制度が当面している問題点を指摘し、その中に国とカウンティとディストリクトとの機能配分のあり方を論じている。なお、一九八〇年の夏には現行制度の改革案が機能配分をもとに用意されている状況にある。

（2）Morton Grodzins, "Centralization and Decentralization in the American Federal System", in the book of *A Nation of States*, Robert A.Guldwin (ed.), Rand McNally, 1963, pp.1-23.

（3）Howard W.Hallman, *Neighborhood Government in a Metropolitan Setting*, Sage Publications, Inc., 1974, pp.54-67.

（4）この問題に関する地方側の提言等としては、全国知事会臨時地方行財政基本問題研究会「地方財政に関する今後の措置についての中間報告」（昭和五一年六月）、全国革新市長会「地方自治確立のための地方行財政改革への提言（昭和五一年八月）が代表的なものとして挙げられるし、また、広島県を皮切りに展開されはじめた県から市町村への権限委譲はそのデモンストレーションとも受けとめられる。

（5）Ralf Dahrendorf, "Effectiveness and Legitimacy : on The "Governability" of Democracy," *The Political Quarterly*, Vol.51. No.4.1980. pp.393-410.

なお、こうした観点は、第四〇代アメリカ合衆国大統領に先ほど当選したRonald Reaganの国内政策、つまり、連邦政府に集中しすぎた権限を州におろし、さらに地方政府の自主独立性を強めていく分権化構想にもみられる。（International Communication Agency, United States of America, "*Ronald Reagan* :

40th President of the United States", Dec. 1980)。

(6) このような指摘は佐藤功教授の「行政事務の再配分—問題の推移と展望」(田中二郎先生古希記念『公法の理論』(下)、1. 所収論文) のなかにみられる。

(7) このような作業努力の成果としては、機関委任事務をめぐる問題を中心としたものであるが、加藤一明、真砂泰輔、村松岐夫の各教授による研究報告が最近のものとして挙示できる。大阪市政研究所「国と地方の関係～機関委任事務をめぐって～」研究報告No.41. 昭和五五年三月。

(8) 佐藤功・前掲参照。

(9) 成田頼明「行政における機能分担(上)」『自治研究』五一巻九号。

(10) 成田頼明「国と地方の機能分担—国の立法活動及び計画への地方の参与・参加を中心として—」(自治省編『地方自治三〇周年記念自治論文集』所収) 昭和五二年。

(11) 佐藤功「行政事務の再配分」(上掲自治論文集所収) を参照。

(12) 成田・前掲自治論文集所収論文をみよ。

(13) このような概念をもっともはっきりと指摘されているのは竹下譲氏である。氏は「地方と国の協力関係は、地方自治体と国が並列的、対等の関係にあるという社会的基盤があってはじめていえることである。中央集権体制が強く、並列的対等関係が未だかって実現したことのないわが国において、いかなる立場からのものであれ、地方と国の協力関係を説くことは非常に危険である。」と断言されている(竹下譲「機関委任事務と地方自治」『都市問題』第六六巻第八号。

(14) この意味ではさきの(注7)に挙示した『研究報告』は大いに評価される。

【講話5】

ごみ行政における中央と地方の関係

～知的集権の限界をみる～

1　ごみ問題の社会的背景

ごみ問題はその時代時代における社会の様相を映し出す鏡であるといわれます。したがってそれは、そのときどきにおける人々の意識や価値観、生活様式や生活水準等をはじめ、科学技術や経済の進歩発展状況、中央政府や地方自治体の政策の考え方や姿勢など、それらを的確に映し出してくれるようです。そのようなわけでごみ問題は、われわれ人間の社会活動といかに深く結びついた所産であるか分かるというものです。

ごみ問題をこのように捉えますと、それは社会のあらゆる現象と関連づけて検討しなければその正鵠を失するおそれがあります。その意味で、ごみ問題については多角的な接近を必要としますが、ここではその一つの側面、つまり、社会の鏡に映し出されたごみ処理行政をめぐる「中央政府と地方自治体の関係」に焦点を当てて検討していくことにします。

2　ごみ問題をめぐる中央―地方関係の焦点

では、そのように複雑な性質を特色とするごみ問題のなかで、何故、中央―地方関係に光を当てるのか、その理由について、若干、述べておきます。

日本ではごみ問題が行政の対象にされだしてからおよそ一世紀経ちますが、その間、当該行政の権能は専ら市町村という地方自治体に委ねられてきたのです。それはごみ問題が基本的性格として住民密着性や地域性を有しているからであり、その点、今も昔も変わりはありません。けれども、社会の進歩発展はそうしたごみ問題の基本的性格に新たな要素である、質的複雑化と量的膨大化を付加させ、一段と複雑なものにしているのです。その結果、最近では、地方自治体の自治行政として対処してきたこの種の行政領域に中央政府も関与せざるをえなくなり、そこに中央—地方間の緊張関係が生じるようになってきたのです。

それには次のような問題が基本的に内在していると指摘できます。すなわち、その一つは中央政府の地方自治体への関与それ自体の是非であり、いま一つはその関与がやむを得ない今日的要請であるとしても、その内容及び方法について十分な検討がなされなければ問題が残るのではないかという点であります。

前者の場合は、中央政府の関与によって、仮にごみ処理行政が従前よりも上手くいくとしても、地方自治体側がそれによって自らの権能を狭め、いわゆる地方自治の後退を余儀なくさせられるとすれば、地方自治体が国から独立して、自らの責任においてその事務を処理し、その権能ないし活動について国(中央政府)からの命令・支配・統制を受けないとする、憲法原理に則った地方自治についての制度的保障はいったい、どのように確保されるのかという、中央—地方間の根幹的問題にかかわってくるからであります。

それに対して後者の場合は、ごみ問題自体の特質から発生する問題です。つまり、科学技術が進歩し、経済活動が活発になり、都市化が進行しますと、廃棄されるごみは質的に複雑化し、量的にも膨大化していき、その処理・処分を困難にしていくという特質であります。かつては個人で処理・処分できていたごみが、いまや単一の地方自治体の能力、つまり、その環境空間的側面や財政的・処理技術的側面の能力において困難になってきているということであります。そこではもはや、ごみ処理という行政は地方自治体の専らの役割であると決めつけてきた考え方に、ごみ問題の大規模性、複雑多様性、社会的影響性といった特質が限界を与えてきたとみることもできるのです。

そこではもちろん、地方自治体による処理行政を中心としつつも、問題の性格によっては、中央政府もその役割を分担していかなければならなくなった、ということを意味するのです。その場合、中央政府と地方自治体とがいかなる立場で、かつ、どんな基準によってその役割機能を分担し合うべきかが問題になります。もしも現実的要請だけに流され、安易に「役割分担」を推し進めていくとすれば、またもや中央集権的な中央―地方の関係になりかねない、という問題を、それは内在させているからであります。

このようなわけで、中央政府の地方自治体側に対する関与の問題は厳しい内容をもちますが、従来の中央―地方関係をめぐる論議はどちらかといえば法解釈的側面のそれが色濃く、憲政原理に基づく地方自治の制度的保障をいかに政策的に確保していくかという側面に焦点が当てられ、社会的実践原理としてその政策にいかなる理論的基礎を当てていくかが不充分でありました。つまり、その方面の検討がこれまで非常に弱かったということです。それは地方自治体の権能に関する具体的で実体論的分析が余りなされてこなかった点にあると思われます。ごみ問題はきわめて具体的かつ実態的であり、今や緊急な課題とされている中央―地方間のあるべき姿を構想するのにも大いに役立つと考えられるのですが、そうした認識が十分ではなかったということです。

そこで本講話では第一に、ごみ処理行政制度の歴史的変遷を跡付けながら、ごみ問題を行政は従来どのように捉え、施策のうえではどんな位置づけ方をしてきたか、また、その過程において中央―地方関係はどのように変質してきたかを論じます。第二には、近年、大都市を中心とする地域においてごみ処理行政の行き詰まりがみられますが、その一つの打開策として構想され、具体化が進められつつある「フェニックス計画」に焦点を当て、その計画作成に伴う制度上の中央―地方関係に考察を加えます。そして最後に、ごみ問題を通した中央―地方関係の問題点を指摘し、その「あるべき姿」に接近する改革の方向を議論してみようと思います。

3 ごみ処理行政制度の歴史的変遷とその特質

(1) ごみ処理行政の萌芽

日本において「ごみ」問題が行政の対象として取り上げられるようになりましたのは、徳川末期から明治初期にかけてのお触れによる『市往還掃除令』であったといわれます[1]。それは東京府や大阪府のような大都市における街路や河川等へのごみ投棄を禁止し、街路上のごみの掃除を命じたものでありました。

しかしそれは、通行や航行の妨げになるものを除去するという点に重きがおかれ、環境衛生上の問題として行政が対処したのではなかったようであります。それが本来の目的の一つである衛生上の問題となったのは、明治一〇年から同二三年にかけて発生し流行したコレラやペストや腸チフスのためでありました。つまり、そうした流行病の原因の一つがごみ問題にあるとし、それを処理することが流行病の防疫対策になると考えられたからであります。

中央政府はその旨を地方長官に訓令し、それを受けて東京府や大阪、その他の都市においては清掃作業の徹底を図る一方、他方では民間による私立衛生会が設立され、環境衛生対策が公民一体の形で推進されていくことになったのです。それはごみが水・空気・土壌の不潔をもたらし、そのことが伝染病流行の原因と考えられたためでもあります。がしかし、細菌学の発達に伴い、生活環境の不潔さは確かに伝染病流行の誘因にはなっても直接の原因ではないことが明らかにされ、それによっていつの間にか病原菌の絶滅や伝染病予防技術に重点が移ってしまい、生活環境整備の一環であったごみ処理問題の大道が忘れ去られていったのであります。しかもこの時期は維新の第二期ともいわれる期間[2]でありまして、日本が近代国家としての統治制度を整えるために、憲法制定や帝国議会開設の問題と並んで地方自治制を確定すべく激論が交わされていたときでもあったのです。

当時、その中枢にいた山県有朋は、自治制こそ立憲国家の基礎であると主張しつつも、その本心にあっては中央政府から地方に及ぶ統治機構の権限や責任を確定し、その担い手となる地方の中等以上の財産家を政治的に培養して中央政府（内務省）の地方支配を徹底させていく狙いをもっていたのです。というのは、山県の自治制構想[3]には国家財政に裏づけられた地方に対する利益供与手段を全く欠いていましたし、また、国家の行政事務を各地方に分担させ、地方人民の責任をもってこれを処理させる意図を含んでいたからであります。そして、実際にこの考えに基づいて、明治二一年には市制町村制を、翌二三年には府県制郡制を結実させ、いわゆる官治的自治観に則った、中央集権的構造に組み込んだ地方制度を整えていったのであります。そのような考え方の制度整備のなかで、ごみ処理問題のような、地域住民の日常生活に密着した問題だけが市町村の責任で処理されることになったのですが、大半の行政は「国家の行政を地方に行わせる」という中央集権的な方向で展開していくことになり、この方針は現行地方自治制度が誕生するまでの長き期間にわたり続いてきたのであります。

(2) 汚物掃除法の制定

一応、近代的国家としての枠組みを整えたわが国が、本格的にごみ処理行政に取り組んだのは明治三三年の「汚物掃除法」の制定であります。この制度[4]はその名称からも察知できるように「汚物」を人々の生活の場から他の場所に移すことを主眼としたものでありまして、その施行義務はその目的からも明らかなように、市制施行の都市とその必要のある町村といった基礎的自治体に課され、いわゆる地方自治体の固有事務として位置づけられて出発したものでありました。

この制度のもとでは、一般の地域住民は掃除義務者として各敷地内の掃除の義務を負い、ごみの収集・処分は基礎的自治体の義務とされたのです。けれども各自治体の処理・処分方法は当初から地域の実情によってまちまちであり、その事業執行体制も掃除の実施状況を監視する吏員を置くことだけが共通の義務でありまして、収集・処分の作業は直営・民営・委託のいずれの方式を取ることも自由でありました。

しかも当時においては今日ほどごみの成分が複雑ではなく、危険物も混入されていなかったがために、その処分先はもっぱら農地還元、海洋投棄、低地埋立となっていました。ただ問題はそれらの中にかなりの不衛生処分がみられたことであります。この点を除去するために大阪市は焼却処分の方法を研究し、明治三六年には一三基の炉からなる「ごみ焼却場」を建設して不衛生処分の解消を図っていきました。これが日本における本格的なごみ焼却炉の嚆矢(5)であり、今日の清掃工場の草分けとなったものであります。

ところで、明治三三年にスタートしたこの制度は、昭和二九年の『清掃法』に全面改正されるまでの長きにわたって運用されてきました。その間、この分野では、中央政府の地方自治体側への関与はほとんどみられず、その意味では全くの地方自治体の固有事務として「自治行政」を謳歌できたのです。

この点は中央集権的行政構造の中にあって、いわゆる自治行政の伝統をごみ処理行政は築いてきたと評価してもよいでしょう。しかし、それを裏返して考えると、ごみ問題を中央政府はいかに軽視してきたかという証拠ともなり、吹けば飛ぶような問題としてごみ問題を位置づけ(6)、国家経綸にとってそれは毒にも薬にもならぬ行政とみなし、それならば地方自治体にその仕事を任す、あるいは、地方自治体はそれぐらいの仕事しか処理できないだろう、といった中央政府の姿勢が推察されるのであります。

なぜなら、近代的国家としての体裁を整えたばかりの日本の国家目標は富国強兵、殖産興業であり、それを中央集権的に上からの号令一下によって邁進させていくことにあったからであります。つまり、中央政府の政策とその姿勢はもっぱら、社会の動脈に当たる事柄を重視し、静脈に当たる側面には目を瞑っていたということです。こうした姿勢は、第二次大戦の終結まで続いてきましたが、この点にこそ、今日の日本社会が当面しているごみ問題の一大原因があったと考えられるのであります。

（3） 清掃法の制定とその特質

戦後しばらくは、敗戦によって焦土と化した国土の復興回復に主力が注がれ、ごみ問題に関してはほとんど関心が払われてきませんでした。また、その時期は、従来の国家中心主義的で中央集権的な諸制度がGHQの強い要請と指導の下に民主的で地方分権的な方向に切り換えられるように、憲法をはじめとする諸制度の整備が進められていたときでもありました。その結果、新憲法には民主主義の基礎としての地方自治に関する一章が設けられ、各制度は「地方自治の本旨」に基づいて整えられるように規定されたのです。また、憲法と同時に誕生した地方自治制度は地方公共団体に大幅の自治権を認め、中央—地方関係を律する制度上の原則もタテマエは併立・対等の関係による[7]とされまして、戦前の主従、上下の関係が払拭されたかにみえたのです。しかし、後述するように、そうした原則は現実の運営実態面においてはさまざまの理由から必ずしも貫かれてこなかったのであります。

いずれにせよ、こうした民主主義の理念に則った諸制度の整備過程にあってごみ処理行政に関する制度も根本的な再検討を迫られました。

昭和二九年には従来の汚物掃除法に代わって「清掃法」の成立をみたのであります。この制度の制定に当たって留意された点[8]は、①新憲法の精神と斉合させること、②WHOの憲章にうたわれた考え方を導入すること、③経済社会の変化に伴う対応として環境衛生や公害防止の観点に配慮することなどでありました。しかし、①および②についてはともかく、ごみ処理行政にとって最も重要な点である③については、当該行政が伝統的とも思えるほど市町村の固有事務として処理されてきたがために、中央政府による「知的集権」の発揮が不十分で、たとえば、同法の規定するごみ処理の対象としての「汚物」の定義も「ごみ、燃えがら、汚でい、ふん尿および犬、ねこ、ねずみ等の死体をいう」とし、汚物掃除法で定義していた内容とほとんど差異のないほどの体たらくでありました。この知的集権の欠如は経済社会の変貌に対応するごみ処理行政の行き詰まりを暗示していたと思えてならないのであります。

ただ、この制度では特別清掃地域を市町村に設定させ、従来、ややもすれば不衛生的に処理・処分されがちであったごみ処理方法を基準化し、一定の計画に従って収集処分することを義務づけるという新生面もみられました。その点は評価できるのですが、しかし、それ以外は旧制度と変わりなく、市町村は地域の特殊事情にあわせて独自にごみ処理行政を進めていくことが可能となり、その限りにおいては、市町村はほぼ完全な「自治行政」を堪能できたのであります。けれども経済社会の変貌はこの自治行政の謳歌にも翳りを与えはじめ、ごみ処理行政を行き詰らせていくことになったのでした。

(4) 経済社会の変貌とごみ処理行政

ごみ処理行政の行き詰まりをもたらす誘因になったのは、なによりも経済社会の変貌に伴う「都市化」でありましたが、それは皮肉なことに清掃法の成立をみたころより激化していったのです。清掃法は主として、一般の家庭ごみとし尿を処理・処分の対象としていましたが、技術革新、経済の高度成長、都市部への激しい人口集中、農業生産方式の変化などに加え、それらに伴って排出される廃棄物を前に、直ちに身動きがとれなくなったのであります。

それはごみ処理行政制度を制定するに当たり、中央政府が一方においては経済社会の変貌を促進する諸政策を進めながら、他方においてはそうした変化とそれに随伴する諸問題の予測が不十分であったこと、およびそれらへの対応策が立ち遅れたことに起因したのであります。つまり、当該行政に関する調査研究も十分でなく、実際に取り組んでいる地方自治体の現状や問題動向についても把握できず、ただ旧制度にとらわれた狭い意味での排出者責任や「ごみ」の観念に振り回されていたからといえます。

そこでは相変わらず、動脈重視、静脈軽視という中央政府の政策姿勢が貫かれていたからでありましょう。当該行政の責務を負っているのは市町村であり、市町村はそれなりに経済社会の変貌に伴って排出されるごみの処理・処分に多大な努力を払ってきているにもかかわらず、それに対する中央政府の財政的・技術的援助はほとんどない状況であったのです。

たとえば、地方自治体側は現場ならではできない収集・輸送・処理・処分の体系化と各段階における創意工夫を凝らしてきておりまして、中間処理である焼却施設の増強を図ったりしながら、二次公害防止のために高度の技術を開発して大規模化を進めつつ、ごみの多量化と多様化に対応してきたのでありますゝそれに対して中央政府は昭和三八年の施設整備のために若干の国庫補助金を出すまではなんらの援助もしてこなかったのでした(9)。

このような状況においてごみ問題は地方自治体側の行財政を苦しめつつ、市民生活や経済活動にもマイナス要因を与えていくことにもなりました。そして、そのことが社会問題化していくにつれ、改めて当該行政における中央政府の責任が問われるようになってきたのであります。

そのような動向を反映して、昭和三七年一〇月には全国市議会議長会に都市行政懇談会(10)が設けられ、ごみ問題を含む『厚生関係行政の実態とその改善策～人口一五万以上の都市の実態調査を中心にして～』という、厚生行政の見直しを目的とした調査研究の報告がなされました。

また、同三九年八月には全国市長会と日本都市センターとが清掃事業研究委員会を設け『清掃事業改善の方策』[11]という、そのものズバリの研究報告をまとめ、市町村における清掃事業の行き詰まりを打開するべく中央政府への強力な働きかけをしていくこととなったのであります。

その結果、それまで経済開発を中心とした国益増進の都市づくりに明け暮れていた中央政府でも、ごみ処理の行き詰まりから生じる社会的ヒズミ是正に目を向けざるをえなくなりました。さらに、地方自治体も中央政府の政策遂行に追随してきましたが、生活環境防衛に立ち上がった地域住民の激しい突き上げにもあうようにもなり、市民本位の政策重視に転換していかざるを得なくなってきたのであります。

つまり、従来のごみ処理観念にしたがうのではなく、下から上に向かって出される改善意見に耳を傾けながら、市民の生活実態に即した「生活環境の整備と自然環境破壊の防止」という、より広い考え方で廃棄物の処理・処分に取り組んでいかざるをえないということを、それは示していたのです。

そして、その考えで対処していくとすれば、「もはや現行清掃法の枠内では不十分であり、当該問題への対応は不可能である」ということをそれは意味していたのでした。

どういうことかといえば、その考えの根底には、自然界の物質を、われわれの社会生活の中でどのように有効に利用し、そしてそれをまた自然界にどのように還元するかという、物質循環サイクルの円滑化を手助けする人為的作用として、ごみ処理行政を位置づける必要があったからであります。したがって、それには一市民の身の回りの衛生観念とか、ひとり地方自治体の固有事務といった観念とかを超えて、企業や中央政府をも総動員してごみ処理に当たることの必要が暗黙のうちに込められていた、ということができたのでした。

(5) 廃棄物処理法の特質

そうした事態に対応するかのように、昭和四二年には全国各都市の要請を受けて『清掃事業近代化研究委員会[12]』が日本都市センターの研究事業として発足し、二年近くにわたる調査研究を行ない、ごみ処理行政のあり方を示していくことになりました。

そのポイントは、ごみ問題が経済社会の実態と不可分に結びついていることを明らかにし、廃棄物問題の基本的捉え方を理論的、体系的に示すとともに、その具体的対応策としては清掃法の根本的改正を図り、国・都道府県・市町村・企業・一般市民(排出者)の役割分担を明確にして対処していくことを求めたものでありました。

これに対して中央政府(厚生省)は昭和四五年七月一四日、生活環境審議会(会長・長野国助)の「都市・産業廃棄物にかかる処理処分の体系および方法について」という答申を受け、経済社会活動の進展に応じつつ、生活環境の保全と都市機能の確保を図り、膨大かつ複雑化した廃棄物を衛生的に完全に処理処分するための必要条件を検討して、ごみ処理問題打開のための基本方針『都市・産業廃棄物広域処理対策要綱』を明らかにするにいたったのです[13]。

そして、その要綱に基づいて清掃法の全面改正を行った『廃棄物処理法』(案)が昭和四五年一一月二七日に閣議決定され、第六四臨時国会（この国会は通称、公害国会と呼ばれ、公害関係一四法案が審議の中心とされた）において、それは「廃棄物の処理及び清掃に関する法律」として成立したのでした。

この法律を中央―地方関係という視点からみるとき、ごみの処理・処分に関する役割を、事業者、市町村、都道府県、国といった各主体に対して課している点に特徴がみられます。つまり、ごみ問題という一つの問題を、「その解決に当たってはごみの性質に応じて各主体がそれぞれに適切な役割を分担して処理していく」という「水平的分権」の考え方を導入している点がそれであります。

たとえば、事業活動に伴って生じた廃棄物は事業者自らの責任で処理すべきとし、家庭から排出される一般廃棄物は市民にとってもっとも身近な行政主体である市町村の責務とし、さらに、従来、当該行政に取り組んだことのなかった道府県には広域で対処すべき産業廃棄物の処理責務を課し、国に対しては市町村及び都道府県への必要な技術的及び財政的援助と処理技術の開発、といった役割の分担を明示的に課したのであります。

しかし、この制度ができてから一〇年以上経ちますが、これによってごみ問題が解消の方向に進んでいるとはいえません。むしろ処分地の確保難、施設の立地難、収集輸送の高コスト化、処理技術の停滞などがみられ、さらには各主体間の役割分担についても原則や基準が曖昧であるために、現実には多くの問題を提起することになったのです。だが、それらの問題は一つ一つが具体的で理解しやすく、対応しやすい指摘でありました。その点ではごみ処理行政の今後の発展方向にとって一定の評価を与えてもよいのではないかと思われるのです。

（6） 制度の変遷の教訓

日本におけるごみ処理問題の推移を、制度及びその処理行政の側面から概観いたしますと、①「ごみ」自体の捉え方の問題、②ごみ処理の基本的考え方の移り変わり、③経済社会の変貌に伴う「ごみ」の質・量の多様化の様子、④なぜ「ごみ」処理が地方自治体の固有事務として位置づけられたかの問題、⑤地方自治体の対応状況の問題、⑥中央政府の「ごみ」問題に対する考え方と取り組み姿勢の問題、⑦ごみ行政における中央―地方関係の問題などが問題として指摘できそうです。

それらは総じて、ごみ問題がここ一〇〇年にわたり、経済社会活動と密接な関連を持ちつつ社会問題化してくる背景とそれに対する行政の対応状況を示すものといえるでしょう。とりわけ、中央―地方関係からこの問題をみるとき、明治元年から昭和四三年にわたる一〇〇年の間、地方自治という側面からの十分な検討も加えず、なぜこの行政が地方自治体の固有事務とされてきたのかという点にこそ、その関係のすべてを物語るといってもよいでしょう。

結論からいえば、それは必ずしも地方自治体の自主・自律性を確保するという考え方とは結びついてはおりませんで、むしろ、中央政府側のごみ問題に対する認識の欠如から発した、つまり吹けば飛ぶような問題であり国家として対処するほどの問題ではないという考え、あるいはそれゆえに、地方自治体の仕事としてはそんなことぐらいがふさわしいもの、という意味での固有事務の位置づけではなかったのか、ということであります。そうだとすれば、そこには民主政治の基盤としての地方自治のもつ崇高な理念は完全に欠落していたといえるのではないでしょうか。

では、なぜそのようになったのでしょうか、また、そのまま連綿と続いてきたのでしょうか、その点の追求も一つの教訓として考察しておく必要があると考えます。

わが国が近代的国家としての体裁を整えるのに際し、当時、国政の中枢にいた山県有朋は統治構造における中央―地方関係のあり方を次のように考えていたといわれます[14]。まず、最初は、地方行政の担い手を地域の中等以上の資産家に求め、ゆくゆくは彼らをして国政を担わせるという方向を打ち出し、中央政治と地方行政とを直結させる考えをもっていました。

だが、それを一年も経たないうちに中央政治によって地方行政を混乱させてはならないとして打ち消し、専ら官僚による地方行政の支配こそ望ましい中央―地方関係のあり方であると考え、官僚支配の地方制度に踏み切ったのでした。そこでは地方自治のもつ意義への配慮は全くなされていなく、官僚による行政的支配の領域として地方自治が位置づけられていたのです。また官僚はといえば「国家目標に献身し政治から超然とすることを正しいと考える伝統[15]」をもち、国家の経綸に思いをはせることに重点をおいて、地方自治を軽視してきたのであります。

つまり、地方自治とは名ばかりで、その実は国家行政の末端機構でしかなかったということでありますす。だとすれば、そのような位置において地方自治体は自主・自律的に意思決定をし、行政を処理していくことができたでしょうか。否であります。しかもこうした中央集権的体制が続くかぎり「自治」の発揮は不可能であったといわざるをえません。

では、戦後の体制下ではどうでしょうか。戦後は確かに、中央集権的体制から地方分権的体制へと転換しました。それでもなおかつ地方自治体側の自主・自律性が確保されているとはいいがたい状況にあったのです。それはなぜか。その理由としては次の三点が指摘できそうです。

第一は、牢固たる官僚の集権的体質です。昭和四〇年代に入って機関委任事務が増大しましたが、それは政省令という行政立法による機関委任のせいであって、中央官僚の地方支配のための自由裁量の増大を意味し、そのことはまた、地方自治の芽を摘みとるという、中央政府の地方自治体に対する監督の増大につながっていたのです。[16] これは中央官僚の集権的体質と各省間のセクショナリズムから結果しているものと指摘できます。

第二は、国・地方間の政策に差がなくなってきているということであります。つまり、国民の日常生活から発生する問題が、その性質において複雑化し、その規模において全国化しているために、同じ問題に対応する政策においても国と地方に類似性と重複性がみられ、そこにおいては地方が中央の政策に追随する、あるいは全国的政策（計画）に地方の政策が組み込まれてしまうということから結果しているのです。それは他面、国、地方を通じる税財政のしくみにも大きな原因があるといえるようです。

第三は、ごみ処理問題のように長きにわたり地方側が主導的に対処し、中央側が軽視してきた領域においては、地方側が知識や技術等を有していて、中央側が知的集権を発揮しづらい状況があるという点です。それにもかかわらず、中央側が地方不信を根強くもち、上下の意識や権威関係だけで地方に対する関与、監督をしたがる傾向がみられ、地方側もそれを遺制観念と補助金の面から受け入れざるを得ない点があったのでした。

これらはいずれも戦前における中央側の一方的支配による場合とは違って、地方自治体側がその自主・自律性を確保していくための問題提起的なものでありました。

戦後の新制度の下、三〇数年が経過し、いまや一般市民も自治になれ、住民自治を模索しつつ、それに基づいて団体自治の強化にも結びつけようとしております。たとえば、地方自治体が国を相手に争訟し、あるいは政策的にも行政的にも先導的役割を果たすようになったことは、その何よりの証拠であろうと考えられます。そうしたことを反映してか、中央官僚の姿勢にも地方分権や地方の自主財源拡大を支持するという微妙な変化もみられるようになってきました。[17] これらは戦前においては決してみられなかった現象であります。

以上、制度を通した中央―地方関係の基本的な事象をみてきました。そこでつぎに、現今の当該問題に対する具体的な政策を通してその関係をみていくとしましょう。

4 「フェニックス計画」にみる中央―地方関係

(1) フェニックス計画とは

昭和四六年九月、センセーショナルな響きをもって一世を風靡した「ゴミ戦争」宣言以来、オイル・ショックも手伝って鳴りを潜めていたごみ処理問題が、このところ一〇年ぶりに再燃してきました。[18]「ゴミ戦争」がごみ処理の考え方において〝狭域化〟を基本においているのに対し、通称「フェニックス計画」と呼ばれる今日のそれは〝広域化〟を基本にしているのです。[19] だが、いずれの考え方も当面しているごみ問題の処理にとっては必要であると考えられるのです。では、ゴミ問題の処理に当たっての、この〝狭域化〟と〝広域化〟の問題をどのように捉えたらよいのでしょうか。

ところで、ごみ問題は、戦争宣言されてその終結をみていたわけではなく、実はその問題の深刻さが広く深く浸透していたのです。そのため、その処理責任主体である地方自治体を困窮ならしめていた難物でもあったのです。とりわけ、人口と産業を集積させて旺盛な経済社会活動を展開している大都市圏においては、廃棄物の発生量が膨大かつ多様化し、しかも土地利用が高密度化してきているため、もはや内陸部において処理施設用地を求めることはもちろん、その最終処分場を確保することさえ著しく困難な状況に陥ってきているのであります。

たとえば、市町村が管理している最終処分場（主として内陸部埋立地）の容量を残余年数でみてみますと、首都圏で平均二・八年、近畿圏で平均六・三年であるといわれ[20]、その中で東京都の場合は、昭和六〇年時点で埋立地がなくなってしまうとのことであります[21]。したがって、現時点においてその対策を立てておかないとごみ処理行政は完全に行き詰まり、それが社会に与える影響は計り知れないものとなるのです。それほど重要かつ緊急な問題を、一定の権限と財源、それに技術力や空間容量しかもたない地方自治体に委ねておくこと自体にも問題があり、そこに国の責任が問われることも必至となってきたのでした。

このような情勢を受けて、中央政府もなんらかの対応を余儀なくされてきたのです。昭和五一年には当該行政の主務官庁ではない運輸省が「広域廃棄物埋立護岸構想[22]」を発表しました。これはおそらく、内陸部での埋立地確保が困難であればそれを臨海部における海面埋立に求めざるをえないこと、および、アメリカ合衆国のケネディ空港が廃棄物埋立てによって建設されたことを範にとり、関西新空港建設を推進する布石として、また、港湾経済の一層の充実を図る基準として、それらを埋立跡地に求める、といった読みと目的から打ち上げられたものでありました。

こうした構想に刺激されてごみ問題の主務官庁である厚生省も翌五二年には廃棄物処理公団を主体とする〝フェニックス計画〟(23)を打ち上げたのでした。これはゴミを焼いた灰の中から新しい大地が甦る、つまり、ゴミで人工島を造るという意味でフェニックス（不死鳥）と名付けられたものです。その正式名称は「広域廃棄物埋立処分場整備計画」といっていかにもお役所風であり、それでは人気が出ないので、それを「フェニックス計画」というマスコミ受けする通称名でカバーすることにより一躍脚光を浴びるようになったものです。

その後、両省による構想や計画は各々別個に四億円もの調査費を投入して計画を作成してきました。他方、建設省が下水汚泥と下水道建設残土を、通産省は再資源化センターからの廃棄物をそれぞれ埋立処分する計画を立て、昭和五四年から調査を行うなど、各省間のセクショナリズム抗争を助長してこの計画は思うように進展をみなかった(24)のであります。

そのため、港湾行政の主務官庁である運輸省とごみ行政の主務官庁である厚生省とが合同して「環境整備機構」をつくることに同五五年八月同意し、その後、国会議員をも巻き込みながら、急速にその計画が具体化されていくことになった(25)のであります。

しかもその計画の骨格は生活環境審議会（会長・佐々学）が、同年一一月「大都市圏域における廃棄物の広域的処理に関する基本方策について(26)」の答申を行った内容に基づくところが大きく、地方自治体側の声はほとんど生かされない計画になってしまいました。とくに、東京湾に一二〇〇ヘクタール、大阪湾に八〇〇ヘクタールの巨大なゴミの受け皿をつくるというだけで、適正な処理体系や減量化、再資源化システムのビジョンに欠けていました。このことは、これまで具体的なゴミ処理行政を担い、地道な努力を積み上げてきた地方自治体側のゴミ処理行政に対して水を差しかねなかったのです[27]。

ともあれ、国主導で進められてきたこの計画構想は、昭和五六年二月二七日には「広域臨海環境整備センター法案」として閣議決定され、同五六年四月二一日には第九四回国会で衆議院を、同六月三日には参議院を通過し成立したのでありました[28]。ただし、最終的には公団方式ではなく、地方自治体が集まって特殊法人「広域臨海環境整備センター」を設立し、これからの基本計画、実施計画を策定していくことになったのであります[29]。

(2) 当計画における中央—地方関係

上述のことから明らかなように、この政策はもっぱら国主導で進められてきたわけでありますが、地方自治体側も全く手を拱いていたというわけではありません。東京、大阪を中心とする大都市圏においては、大都市問題を協議するため、いわゆる「首都圏サミット」とか「近畿圏サミット」と呼ばれる協議会を、当該圏域の各首長らの出席の下で設定し、ゴミ問題もその協議事項として意見を交わしてきたのです。

その結果、昭和五五年一一月には近畿圏において関係地方公共団体八〇団体が「大阪湾圏域環境整備機構設立促進協議会」を組織してその促進に協力するという申し合わせを行い[30]、首都圏よりも一歩早く計画を具体化させ、センター設立の準備を整えたのであります。それに対して首都圏では各地方自治体の利害が対立し、昭和五五年一一月の第四回首都圏サミットでも意見がまとまらずに今日に至っている、という状態であったのです。

両圏域にとってはゴミ問題の重要性に変わりはなく、足並みを揃えて国の方針に協力する、しない、にせよ、長年にわたるゴミ処理行政の実績をふまえた叡智と地方自治の立場からの意向が当計画作成過程に反映されなかったのは遺憾であります。そのため、今回成立した「広域臨海環境整備センター法」をみますと、現行法に基づくゴミ処理行政についての地方自治体側の主体的権限が、国の許可、監督権限によって大きく制限される可能性があり、さらには現在各市町村が策定している、あるいは策定しつつある清掃廃棄物処理計画に大きな影響を与えていく[31]と思われるのです。なぜなら現行法では最終処分まで市町村が責任をもつことになっていますが、このセンター法によってその責任は直接的には市町村の手から離れてセンターに移行してしまい[32]、そのセンターは地方自治体の共同による主体とはいうものの、その業務については主務大臣の許可（第一九条）、報告及び検査（第三三条）、監督命令（第三四条）などを受けることになっているからであります。そのために「自治行政」の後退を惹起させる余地を残したのではないかと思われるからです。

(3) あるべき中央―地方関係

では、自治行政の後退にはならず、中央政府の協力・援助を引き出す方式は考えられないでしょうか。先に、ゴミ処理においては狭域化及び広域化の両方の考えが必要であると述べましたが、おそらくその論拠を明らかにしていくことによって中央―地方関係のあるべき姿を求めていくことができるのではないでしょうか。

ゴミ処理の基本的考え方は排出者の自己処理責任の原則であります。この考え方から「ゴミ戦争」においては自区内処理（地域処理）の原則が導き出され、人々はごみ処理行政を身近に実感するとともに、それへの参加・協力・交流といった貴重な原体験を積み重ねてきました。そのことはいうまでもなく、民主政治の理念からくる住民自治の実践でありまして、われわれが政治や行政の客体から主体へと転回する可能性と自己実現性[33]の道標となるものであったのです。

それには、住民密着性や地域性という、ごみ問題の基本的性格と住民自治との不可分の関係を通してデモクラシーの基礎を固めつつ、それに人々をして習熟させていくという政治的価値が内包されているからであります。だから、ごみ処理行政におけるこうした狭域化のもつ意義や価値を重視していくことは、自治行政の後退はおろか逆にその進歩発展につながる面を有していると考えることができるのです。そして、自然地理的、環境空間的に狭域化が一定の限界をもつとしても地域住民の理解と参加・協力によって、生産・流通・消費の各段階における廃棄物の減量化、再資源化、適正処理のための住民コントロールといった効用も高めていくことができるのではないでしょうか[34]。

このようにごみ処理行政の狭域化を地方自治の視点から考えると、それはなにものにも代えられないほどの価値をもっているといえそうです。そうだとすれば、この価値を効果的に存続発展させつつ、狭域化の限界をカバーしてくれる広域化の価値との結合と調和を考えていく必要があるのではないでしょうか。

広域化の一般的価値は規模の原理に基づく効率性、合理性に求められてきました。そして、それらは確かに狭域的環境空間の限界をカバーしてきました。最終処分場を、より広い空間の中で確保するとか、大規模処理施設で効率的、合理的に対応していくとかがそれであります。しかしそれには狭域性のもつ価値との結合はみられず、逆に狭域性の価値を忘却の彼方へ押しやる役割を果たしてきたのではないでしょうか。市民の目が行き届かない処理方式であれば、いかにそれが合理的であるといってもそれに対する市民の親近性は芽生えようもないでしょうし、狭域性の価値は消えてしまうのです。

そこには広域行政の今日的要請を重視する余り、狭域性の原理と広域性の原理とを結合させる論理過程が欠落してしまっていたといえるのです。では、その論理的結合を導くものはなんでありましょうか。いうまでもなくそれは、市民主体の論理であります。つまり、広域行政の実際的限界を、市民の主体性との関係で明らかにしていくことが必要であるということです。

広域行政のもつ規模の原理を、市民主体の自治の原理との関係で考えた場合、はたして有効に働くでありましょうか。いま、その点について実際面から分析のメスを入れてみようと思います。

たとえば、いま、東京湾に巨大な臨海埋立地を広域計画で用意した場合、果たしてごみ処理事業は効率的、合理的に遂行されていくでありましょうか。時間、コスト、エネルギー、物理的心理的遠隔性などの面からいって、それはけっして効率的にも合理的にもならないのではないでしょうか。したがって、こうした広域性のもつ限界を踏まえて、市民の目が行き届き、市民が主体的に参加・協力できる単位の規模の結合システムを構築し、それをもって広域化を図っていくことが「狭域の価値」と「広域の価値」とを結合させる論理的構造になるのではないかと思うのです。そこには狭域の限界を広域でカバーし、広域の限界を狭域でカバーするという構図が描かれ、その主柱を住民自治（市民）の論理が支えるということになるのです。

このことはなにも机上の論理だけではありません。具体的にそれに類似した動きが地方自治体側においてみられはじめているのです。京都市の空きかん条例制定運動[35]に端を発した問題が全国的に波及し、昭和五六年度の関東地区の知事会においては一都九県による広域の空きかん対策が協議され、「統一条例」化の考えが打ち出されました[36]。

そのポイントは、人口一〇〇〇人に一箇所の指定回収所を設置し、当該問題に対する市民の親近性を培うとともに、市民の理解と協力と参加を目指している点にあります。これは市民の論理を基礎に、狭域の単位間の連結を「統一条例」でもって「広域システム」にする構想であり、「狭域性」と「広域性」のもつ価値の融合であります。

こうした論理展開こそが自治行政の進展を促すものであり、地方自治体側の主体性・自律性を確保する政策といえるのではないでしょうか。「フェニックス計画」にみられる中央―地方関係にはこうした内容はみられませんでした。ここにおいて要請される中央政府の役割は、地方自治体側のそうした政策が円滑に達成されていくための制度的、財政的、技術的諸条件の整備というかたちでの協力ではないだろうかと考えます。つまり、中央政府は地方自治体側に対する許認可、監督命令、報告、検査といった関与だけをするのではなく、地方自治を尊重し、地方自治体側を信用し、そして、対等な立場で協議しつつ地方側の意向を政策に反映させていく、そういった関係システムの構築こそ、これからの望ましい中央―地方関係の姿を具現化していく方途ではないかと考える次第であります。

注

（1）清掃事業近代化研究委員会『経済社会の変貌と清掃事業』日本都市センター　昭和四四年　一二一～一二五頁

および　二八八～二九〇頁参照。
(2)御厨貴『明治国家形成と地方経営』　東京大学出版会　一九八〇年　一四〇頁以下参照。
(3)御厨貴　上掲書　一四六～一四七頁。
(4)清掃事業近代化委員会　前掲書　一六～一九頁。
(5)同上掲書一七頁。なお、この点について東京大学の石橋多門教授は日本での最初の焼却炉は明治三〇年における敦賀市の一日一一・五トン処理と指摘されている。石橋多門『憂うべきゴミ問題』日本環境衛生センター一九七二年　一六八～一六九頁。
(6)柴田徳衛『日本の都市政策』有斐閣選書　昭和五三年　一三八～一三九頁。
(7)荒木昭次郎「国と地方の機能分担」『都市問題』第七二巻第二号所収論文を参照されたい。
(8)清掃事業近代化委員会　前掲書二〇頁以下参照。
(9)寄本勝美『ゴミ戦争』日経新書　昭和四九年　参照。
(10)全国市議会議長会・都市行政懇談会『厚生関係行政の実態とその改善策』昭和四〇年参照。
(11)清掃事業研究委員会『清掃事業改善の方策』全国市長会・日本都市センター　昭和三九年参照。
(12)筆者がゴミ問題を勉強するキッカケとなったのは、この研究に携わって全国都市の清掃事業の実態に触れ、多くの先達から教示されたからである。本講話はしたがって、この研究会での調査研究活動の体験と、その研究報告書『経済社会の変貌と清掃事業』に負うところが大きい。
(13)厚生省環境衛生局監修『都市・産業廃棄物』（環境整備特集〈七〉）所収論文「都市産業廃棄物と地方行政」を参照。昭和四五年一一月
(14)御厨貴　前掲書　参照。
(15)村松岐夫『戦後日本の官僚制』東洋経済　昭和五六年　二六〇頁。
(16)上掲書　二六一頁。

(17) 上掲書　二六一〜二八四頁を参照されたい。
(18) 寄本勝美　前掲書　参照。
(19) 厚生省環境衛生局・運輸省港湾局による昭和五五年一一月の『広域産業廃棄物埋立処分場整備構想』を参照。
(20) 全日本自治団体労働組合『広域廃棄物埋立処分場整備計画〈フェニックス計画〉に対する自治労の見解・関係資料集』一九八一年を参照。
(21) 朝日ジャーナル「海を奪う怪鳥〈フェニックス〉」一九八一年六月一九日号。
(22)(23)(24)(25) 上掲朝日ジャーナルを参照。
(26) 全日本自治団体労働組合　前掲書五七〜六九頁。
(27) 朝日新聞「安易なゴミ処理はいけない」　昭和五六年六月八日付け社説を参照。
(28)(29) 前掲自治労資料および『フェニックス計画・センター法案闘争の経過と今後のとりくみ』一九八一年六月一一日の資料による。
(30) 第九四国会参議院運輸委員会会議録第一二号における戸谷松司兵庫県副知事の参考人意見陳述による。
(31)(32) 同委員会における寄本勝美早大教授の意見陳述による。
(33) 拙稿「分権化をめぐる諸問題」『行動科学研究』(Vol.14, No.1) 所収論文を参照されたい。東海大学基礎社会科学研究所　一九八一年一〜二二頁。
(34) 小畑嘉雄「フェニックス計画・センター法に対する自治労の取組み (3) 〜廃棄物行政の問題点〜」自治労通信二八三号を参照。
(35) 三村義夫「京都市空かん条例制定に向けた京都市職労のとりくみについて」自治労通信二八二号と朝日新聞社説「市民意識を問う『京都条例』」(昭和五六年九月一三日) を参照。
(36) 昭和五六年九月二〇日放映　ＮＨＫ報道番組　視点「空きカンの告発」を参照。

【講話6】

はびこる巨大退職金
～その背景・原因・分布状況～

1　はじめに

東京・武蔵野市において噴火した「巨大退職金」問題は、先日までの労使協議を通して一応の決着をみました。しかし、それは退職金額の多寡をどうするかということであって、健全な市民自治の観点からする問題の本質の解決は取り残されたままのようであります。つまり、市民にわかりやすい、開かれた市政の制度化と、それに則った決定方式の確立によって決着をみたわけではなく、その点、今後の重要課題として残されたといえるでしょう。

2　納税市民の意向反映は

ところで、全国どの自治体も当該問題に関しては、金額の多寡こそちがえ、その解決の方法は納税者である市民の声を反映させずに処理しているのが実態です。

後で触れますように、それにはさまざまな理由があるわけでありますが、本来的には自治体職員の給与（退職手当金を含む）問題は条例主義に基づいておりまして、その限りにおいては市民に理解される仕組みになっており、特段の問題はないようであります。

だが、その条例の内容ということになりますと複雑きわまりなく、市民はおろか条例制定に携わった議員ですら理解が困難というものもみられ、さらには要綱を作成して運用するという、いわば条例主義の歪曲化によって市民の理解を遠ざけている感じがするものもあります。埼玉県草加市ではじまった職員の給与公表制度も、今では全国のどの自治体でも実施されておりまして、毎年一回、自治体の広報紙にその内容が掲載されております。けれども、その内容は給与表の転載的色彩が濃く、諸手当が省かれているために市民には低いイメージしか与えないのであります。いくら条例で規定されていても、このような運営の実態では開かれた行政への道程はきびしいといわざるをえないでしょう。

しかし、今回の武蔵野市のケースは、そのきびしさを打ち破って進まざるをえない反面教師的役割を演じてくれた点で大きな意義があると思います。

数年前、カリフォルニア州で納税者の反乱が起こり、短時日のうちにそれが各州に飛び火していったことを記憶されている向きも多いかと思います。そして、あれは中産階級のエゴだ、との見方もありますが、問題は「政府サービスが自分の納めた税金に見合っていなくて不十分と感じた市民たちが、しからばその税金がどのように使われているかを調べ、その結果に基づいて起こした市民運動の結果であった」という点であります。これは見方を変えれば、市民が納税と行政サービスの関係に関する正確な情報に触れ、それを正しく理解していくことによって税率の引き下げか、もしくはサービスの充実を要求していくという「市民自治の健全な姿」ともいえる納税者の反乱であったと思われる点です。

日本においても近年、情報公開の制度化への気運も盛り上がっており、国に先んじて制度化に踏み切った先進自治体も五指をこえてきました。閉ざされていた行政から開かれた行政へ、そして市民に理解してもらえる行政への努力も一方において進められているのであります。

こうした市民と行政の動きを俯瞰しつつも、やはり問題は問題として直視し、その原因究明と改善方向を示唆していくことが重要でありましょう。

3　定年制と密接な繫がりのある退職金問題

自治体職員の退職金を問題にしようとすれば、定年制問題との関連なしには語れません。現在（一九八八年）、自治体職員には定年がないのです。だから、かれらは自己都合で自発的に退職を申し出るか、さもなければ死亡しない限りその身分は永久的に保障されることになっているのです。

なぜそのようになってしまっているのかといえば、その経緯はこうであります。戦前から昭和二六年までは各自治体が条例による定年制を実施していたのです。ところが、同二六年に地方公務員法が制定施行されたことにより、自治体の定年制条例は違法ということになり、以来、今日まで制度的に定年制を設けることができなくなっていたからであります。

その結果、自治体の行政経営にさまざまの問題を生ぜしめることになりました。たとえば職員の高齢化、士気の低下、新陳代謝の欠如、組織の活力不足、事務改善力の低下と時代の変化に見合う組織編成力不足などがそれであります。かくして、定年制は設けられず、かといってそのままでは行政経営が行き詰まるという状況のなかで、窮余の一策として編み出されたのが勧奨退職の手法でありました。

この勧奨退職制度は、ある一定年齢以上に達した職員に対し、なんらかの優遇措置を講じて終身雇用の身分関係を絶つために退職を勧奨する便法であって強制力のない制度でありました。

だから、本人に続けて働く意思があればそのまま働き続けることもできたのです。が、その場合、もっとも有利になる退職金が不利にされる場合もあり、できるだけそうならないために優遇措置の内容を手厚くして勧奨に応じやすいようにしてきたのでした。

このようにみてきますと、直接的には勧奨退職が巨額な退職金を生み出す原因の一つとみられるわけでありますが、しかし基本的には、自治体の定年制条例を違法とする地方公務員法の条文改正を怠ってきたことこそ問われなければならない点であろうと思います。

おそらく、その反省と自治体側の強い要請によってであろうと思われますが、昭和五七年の法改正により同六〇年から三五年ぶりに地方公務員も定年制が実施されることになったばかりであります。

4　予測の甘さと環境変化への適応力欠如

自治体職員の給与や退職金がいつごろからどんな理由で高くなり、また高いと指摘されだしたのでありましょうか。地方公務員法では国・民間水準・他の地方公共団体と均衡を保つように、と規定し、いわゆる『均衡の原則』を働かせるよう仕向けています。

ところがわが国の経済は、ここ二、三〇年の間にめまぐるしく変化し、均衡化の原則が働かなくなってきました。とりわけ昭和四〇年代に入っての年率一〇％をこえる経済の成長期にあっては、民間の給与水準は大幅に上昇し、公務員のそれとの格差が大きくなって、毎月の給与やボーナスは言うに及ばず、退職金についても二割以上の開きがみられるようになってしまったのです。

これをうけて国家公務員の退職金を二割増やすべく法律改正が行われ、自治体職員の場合もそれに準拠して民間水準との均衡が図られたわけであります。要は、指摘されている巨額退職金問題の原因の一つに、この均衡の取り方に失敗があったということを指摘しておかなければならないでしょう。

その失敗の一つは、民間水準がこのまま経済成長にそって上昇していくという予測であり、もう一つは退職金の積算基礎となる自治体職員の給与の絶対値が小さいために総額で均衡を図ろうとすれば、支給率（退職時の給与の月数）を高くしなければならない、という点であったことです。

しかも後者の場合は退職時の給与の絶対値を大きくして均衡を図ろうとするために、いきおい、基本給にプラスする加算措置、たとえば、調整手当、勤続手当、職務手当、扶養手当、号俸アップなどを講じて月数を乗じる方法を導入し、退職金額を膨らませたのです。

支給率にせよ加算措置にせよ、給与の絶対値が小さければ問題は浮上してきません。しかし、他方において、経済が低成長下に入り、それに即応して民間の給与水準も伸び悩む状態になると公民の均衡はどうなるかということです。

公務員給与が人事院勧告にそって民間水準に接近し、退職金の支給率は変わらないとすると、両者は肩を並べるどころか逆転の兆候さえ見られ出すのです。昭和五〇年代に入ってそれが問題視されるようになりました。そして、昭和五五年頃より官民の逆格差が指摘されはじめたのです。

とくに大企業はともかく中小企業で働く従業員の所得水準は国家公務員や自治体職員のそれを下回るどころか退職金制度すらなく、逆格差現象は一気に社会問題化していったのです。

この要因としては公務の世界の制度硬直性が挙げられます。民間の場合であれば経済の変動状況に即応して対処していきますが、公務の世界は一度法律を制定する（制度化）と、問題が発生し改善すべきことが分かっても法律改正などには時間がかかって即応できないのです。つまり環境変化への即応能力がなく硬直化し、ついには巨額の退職金問題として世に晒す羽目になったのでした。

5　巨額な退職金自治体の分布

全国的にみて自治体職員の退職金は二千万円前後となっていますが、いわゆる「高額退職金」の自治体は大都市とその周辺自治体に多くみられるようです。

それらの自治体は都市化の影響を強くうけ、人口急増と行政需要の増大に対処するために職員の確保を積極的に行ったり、都市行政の刷新と創造に取り組んだりして革新的展開を意欲的に行ってきた点に特徴があります。

国家公務員の退職金支給率は従来、六九・三ヵ月でありましたが、つい先の法改正で六三・五二五ヵ月に引き下げられ、それは昭和五九年より実施の運びとなりました。だが、それを上回っている自治体は主に首都圏と大阪府下に分布していたのです。その理由としては、以下のことが考えられます。

①景気がよいときには職員の給与が低かったがために職員採用への応募者が少ない、しかし、当局としては一定の資質を持った人材を量的に確保していかなければならない、というジレンマに陥ったのです。そのジレンマ打開策として考え出されたのが初任給を高めて職員を募集することでした。そうすると問題は、官僚組織の特性でもある年功序列制と階級制を反映して、新参者の給与を高くすれば古参者の給与も必然的に上昇させねばならず、それが退職金にも跳ね返って高額退職金になるということだったのです。

②革新自治体で首長の支持基盤を職員組合が形成していたところでは労使協議が甘くなり、結果的に組合側の要求を受け入れてしまいがちになるという点。

③保革を問わず、近隣自治体に退職金等のよい条件モデルがあると、それを容易に模倣してしまう（うちだけでなく回りも同じようにやっているという意識の伝播＝みんなで渡れば怖くない意識）という点、等があったのです。

巨額の退職金自治体が大都市圏に分布する理由なり条件なりは、これらの他にも数多くあると思われますが、常識的には物価高・土地や住宅の取得難という都市問題が潜在的に影響しているとみるべきでありましょう。

6　地方自治の観点から展望する

地方自治とは、地域住民の日常生活に密接なかかわりのある問題を、地域住民の意思と責任において自主的に処理していく地域経営の仕方であり、自主・自律を基本にしております。その意味からすると、当該自治体の地域住民が理解し納得できる退職金額であれば、なにも国が一律に押さえ込む筋合いのものではないと考えられます。

ただ問題は、①全国三千余の自治体のなかには職員の人件費にも満たない税収しかないところもかなりありますが、それをどう考えるか、そしてまた、②国の画一的な指導を嫌う組合側も、自治体の自主性の尊重を謳いながらその実は全国規模の組合本部の画一的指導をうけ、個々の組合の自主性を尊重しないというパラドクスをどう考えるか、であります。

要は、その地域の水準に見合った給与や退職金制度のあり方を検討しようとするとき、上の二つの問題がまず立ちはだかるようであります。これらの問題を乗り越えていけば、あとは自治体の運営上の問題でありますので、それらは自治の精神に基づいて解決処理していくべきであろうと思います。その場合の問題点のいくつかを最後に取り上げ、その対策の方向を示唆しておくとしましょう。

①職員の協力があって首長の評価も下されることから、首長が職員の意識や行動に迎合気味になり、さらには首長と職員の身内意識が強く働き、両者の癒着関係の度合いを助長する虞もあり、その点をどうすべきか。

②退職手当制度の仕組みがわかりにくく、その実態が住民には理解しにくい面があるが、その点、意識的に分かりにくくしている面があるのではないか。

③首長が是正に真剣には取り組まず、組合との団体交渉を避けたり逃げたりする傾向があるのではないか。

④住民代表として行政の監視機能や条例の制定機能をもつ議会は、議員自身の勉強不足の面と議員自らの歳費問題面との絡みがあって、議会本来の機能を十分に発揮していないのではないか。

⑤首長と組合との団体交渉が周辺自治体組合の連携による圧力交渉になり、それによって押し切られる場合があるのではないか。

このような問題の解決は住民自治に基づいて処理されていくもので、その処理過程を通じて、自ずと自治の精神が発揮される退職金制度の運用になっていくのではないか、などを指摘せねばならないようであります。

【講話7】

大都市圏における広域行政の問題と今後の方向

～大都市を中心にして～

1　地方制度改革論議の動向

「昭和」から「平成」へと移りゆく中で、日本の地方自治にとっては節目となる行事が続いてきました。たとえば、自治制公布一〇〇周年（昭和六三年）、地方自治法施行四〇周年（昭和六二年）、指定都市制度施行三〇周年（昭和六一年）などがそれであります。そしていま、これらの節目に呼応するかのように、国および地方の双方のレベルで地方制度の改革をめぐり、盛んに議論が進められております。

国レベルでは、地方制度調査会や臨時行政改革推進審議会（新行革審）において実効性のある制度改革を目指した検討がなされてきているのに対し、地方レベルでも、全国市長会などを中心に制度の見直しのための論議がなされています。また、指定都市においても「大都市行政フォーラム」（昭和六一年）の開催を契機に、日本都市センター内に「市民の暮らしから明日の都市を考える懇談会」（昭和六三年一一月）を設置し、これまでの論議の結果をまとめた中間報告を世にアッピールしているところです（平成二年一月）。

こうした地方制度の改革論議は、九〇年代に突入して改革の具体化へと一気に進む気配を見せはじめました。平成元年の暮れも押し迫った去る一二月四日、新行革審に設けられていた「国と地方の関係等に関する小委員会」（瀬島龍三委員長）は、新行革審に対してその報告を行い、そして一二月二〇日には、その報告をもとに新行革審（大槻文平会長）は海部首相に答申しました。政府はこれをうけて一二月二九日未明の閣議において政府としての地方制度の改革推進要綱を決定したのです。この決定においては、政府が答申を最大限尊重するという立場から、答申内容に手をつけることを極力避けたようでありますが、しかし、自治体間の財政格差を是正すべく答申に盛り込まれていた「補助率」などに差を設ける制度の導入などの方針に対しては、積極的ではない内容に変えられたのです。この点を除けば、新行革審の答申と政府の要綱とは大筋において同じでありました。

では、この答申や要綱が示す地方制度改革の焦点は奈辺に向けられていたのでしょうか。それは一言でいえば、広域行政の仕組みとしての「連合制」の導入にあったとみてよいようです。いま、小委員会報告から、その主な点を拾いだしてみますと、その大きな柱は、地域行政主体の整備・多様化、広域行政への対応でありました。それを各自治体レベルに下ろしてみますと

①地域中核都市を整備して都市自治体の行財政基盤の強化を図る、
②都道府県の区域を超える行政需要に応えるため、特別地方公共団体として府県連合制度を導入し、将来の制度のあり方としては道州制も検討していく、
③市町村レベルでは組合の設置・拡大や市町村圏の設定区域などを見直しするとともに、国の各種圏域行政区域の整合化を図って圏域行政の充実・強化を行ない、そして広域的問題に対応するため、特別地方公共団体として市町村連合の制度を導入する、
④東京等大都市圏行政の体制整備として都市連合制度を導入し、大都市制度や首都行政体制のあり方

についても地方制度調査会の検討をふまえて必要な改革を推進していく、としております。つまり、都道府県レベル、市町村レベル、大都市レベルの各々に連合制を導入して広域行政需要に応えうる制度を確立しようとしているのであります。

では、いまなぜ、広域行政の体制整備や連合制の導入なのでしょうか。その点、直截にいえば、現行地方自治制度をもってしては、市民の日常生活をはじめとする社会的要請に対応できなくなってきたから、ということができます。それはただ単に、人口一〇〇万の自治体も一万未満の自治体も全国一律的に一〇〇年以上も続いてきた制度では立ち行かなくなったというばかりでなく、その基本的背景としては市民のくらし方に大きな変化の波が押し寄せ、既存の行政枠組や行政観念では、その変化に適応する行政が展開できなくなってきたということでありましょう。その意味から考えると、いまや市民の立場にたたずに制度を見直していくことは不可能になってきているといえるのではないでしょうか。

広域行政のあり方は、古くて新しい問題であり、過去にも幾度となく検討され、その方策が打ち出されてきました。しかし、現行のいずれの方式をみても市民が直接、コントロールできる仕組みにはなっていないように思われます。市民が実感している圏域、つまり、市民が住み、働き、学び、憩い、楽しむという日常生活上の機能空間領域と行政区域とがこれほど乖離しているときはこれまでなかったといえます。個々の自治体の区域も、また、隣接する自治体間の広域行政もおよそ市民の生活感覚とはかけ離れてしまっているのです。この点にメスを入れずして制度改革などあり得ないというのが私の基本的な考え方でもあります。

今次の新行革審が広域行政のあり方の一つとして「連合制」の導入を打ち出したことはそれなりに評

価できるものの、しかし、それがどれほど市民の立場を考慮したものであったか疑問なしとしないのです。今後、具体的、専門的にその導入の方法を検討していくとのことでありますが、市民の生活感覚から離れ、市民のコントロールの効かない連合制だけは遠慮願いたいものです。

ここでは、先に挙げた三つの連合制のうち、とくに大都市圏における大都市を中心にした広域行政のあり方を、市民の意思が貫けるかたちでの方向で考えてみます。そのため、ここではまず、昭和三〇年代に取り沙汰された広域行政についての議論と現在のそれにどんな相違があるかなども参考にしながら、九〇年代の大都市における広域行政のあり方を展望していってみようと思います。

2 わが国における連合制構想の変遷

わが国においては、都市連合方式については戦前から学問的課題として関心が払われていたといわれますが、その内容がいかなるものであったか私は把握しておりません。戦後、市町村合併が一段落して、ほぼ、現在の自治体数になった昭和三六年、カナダのトロントやアメリカ合衆国のデード・カウンティにみられた連合方式を参考に、兵庫県がこの方式をアイディアとして打ち出したのがわが国では連合制検討の嚆矢のように思います。

その内容は、尼崎、西宮、芦屋、伊丹、宝塚、川西など六市と一町で「阪神都市」をつくり、それぞれの構成市町は自治体としての役割を果たしながら、六市一町にまたがる共通の行政需要については連合体としての「阪神都市」で対処していこうとする、そんな着想であったといわれております。これと類似した構想としては、昭和三八年九月に、ほぼ同じ地域を念頭に神戸市長であった原口忠次郎氏が原口構想なるものを打ち出されました。これは同地域の河川水系と大阪湾一帯を軸にして、合理的、能率的な大都市圏行政を進めようとしたものであった、といわれております。

いずれにせよ、このころ、近畿圏においては阪神広域行政都市協議会、大阪市隣接都市協議会、阪神都市協議会、阪神間水資源開発協議会、播磨広域行政都市協議会、岡山県南広域都市協議会など、連合する前段階的なかたちでの広域行政の一方法である協議会方式がつぎつぎに展開されていたのです。しかし、この協議会方式は連合方式にまでは高められていきませんでした。それはなぜだったのでしょうか。ここで国側における当時の動きをみてみようと思います。

国側（自治省）における当時の新たな広域行政構想は昭和三八年に打ち出されました。それは全国を九ブロックに分け、知事、指定市の市長、国の出先機関の長によって地方行政連絡会議をつくるというものでした。自治省はこれを法案化し国会に提出しましたけれども、この連絡会議は現行法上の協議会方式の焼き直しでしかないという批判をうけ、結局、審議未了で終わってしまったのです。そこで自治省は、この批判に応えるべく、つづいて、起債権と特定の執行権を認める地方公共団体連合法案を構想しました。しかし、これについても合併推進論者から姑息な手段であると批判され、再び地方行政連絡会議方式の推進に逆戻りしたのでありました。つまり、自治省としては、合併が困難であれば広域行政需要に応える次善の策として連合制に踏み切るのは自然の成り行きと考えていた節があります。しかし、それは集権論者と自治・分権論者の双方からの批判の的に立たされることになってしまいました。

集権論者からは、この種の連合体を実質的に作動させるためには多数決の原理の導入と相当の権限の付与が必要だが、それが可能かという指摘がなされました。また、自治・分権論者からは、いかに国といえども、この連合方式は現在の自治体の自治権を侵す可能性があるという指摘がなされたのでした。この双方の批判に応える妥協の難しさは、たとえば、連合を強化すれば自治体の反撃をうけ、連合を弱化すればその実効性はあまりあがらないという点にあり、結局、こうした反対論に自治省は連合法案を引っ込めざるをえなかったのであります。

こうした国の動きは、当然のことながら、地方自治体レベルにおける連合構想にも影をおとすことになりました。それが協議会方式をいくら盛んに導入しても連合方式にまで高められなかった理由と考えられます。

以上みてきた広域行政についての国と地方の検討において問題になるのは、広域化を進める圧力が経済界ないし開発行政を進める側からの構想であって、市民の立場からの検討がなされていなかったという点であります。

いずれにせよ、昭和三〇年代に展開された連合制論議はその後、現存の広域行政方式である一部事務組合や協議会などの整備・充実に向けられていくとともに、新全総策定に関連して構想された自治省の「広域市町村圏構想」、建設省の「地方生活圏構想」と、三全総に関連した国土庁の「モデル定住圏構想」に中心が移っていくことになったのでした。

そして、昭和六二年に策定された四全総では、その中心概念である多極分散型国土形成に向けて、

①地域の活性化と安定した就業の場の確保、
②国際化の推進と世界都市機能の再編成、
③緑と水の確保、安全で質の高い居住環境の整備、

を図るため、その受け皿となる体制としての連合制や地域中核都市の考え方を改めて浮上させていったのであります。

四全総ではその点について次のように述べております。即ち、その計画の効果的推進のためには、多様な主体の参加による国土づくりが必要であるとともに、とくに地域の総合的な行政主体である地方公共団体の果たす役割の重要性に鑑み、国、地方を通ずる行財政の簡素合理化及び地方分権の推進の観点に立って、地方公共団体の自主性・自立性の強化等をはかることを基本にその見直しを進めていくといっております。

それとともに、さらに「日常社会生活圏の拡大等により、市町村の区域を超えた広域的な対応の必要性が高まっていることから、引き続き事務の共同処理体制の整備・充実、関係市町村・住民の機運の高まりを前提とした自主的な合併の条件整備などを進める」としていました。そして、この四全総の方向と軌を一にするかたちで、新行革審の答申でも新たな広域行政機構として「連合」や「地域中核都市」の導入を盛り込むことになったといえるようです。

問題は、一全総のときと四全総の場合とでは、この連合制をめぐってどんな違いがみられたかということです。この点、政府側の基本姿勢としては道州制や市町村合併を指向し続けている点で変わりないといえますが、地方自治体側にはそれに変化がみられるのであります。

かつて地方側は、国の進める広域行政に対しては中央集権化を招くという警戒心から反発してきました。だが、「地方の時代」から「新地方の時代」にかけて、市民の価値観、ライフスタイルなどに変化がみられるようになり、それに対応できるようにさまざまな工夫の歴史が積み重ねられてきました。そ

の結果、地方自治体側は広域行政のあり方についても、現代の要請に見合う条件を意識・考慮しつつ、

①国への不信感と国への依存心ということから脱皮し、自主・自律的に行政運営できるように、分権化の受け皿としての信頼を得ること、

②地域の特性に応じた、選択の幅のある行政体制の必要と、

③そのために住民の意思でその体制がつくられ、コントロールできるしくみ、を描きはじめたのであります。

その具体的な姿としての連合組織は現在のところ、協議会方式にとどまっていますけれども、都道府県、市町村、大都市それぞれの段階で、地方側が連合制への準備的経験を積んできたことは、広域行政に対しても、ただ対決姿勢で臨むのではなく、協調と「緩やかな連合」に主体的に取り組む下地を醸成してきたといえるのではないか、と考えられます。

そこで次に、大都市圏における大都市を中心にした広域行政をめぐる問題点を、「横浜市行政懇談会」（横行懇）と日本都市センターの研究プロジェクト「市民の暮らしから明日の都市を考える懇談会」（明日都市懇）が取り組んできた内容を瞥見しながらその基本的側面について考察してみようと思います。

3　大都市における広域行政の問題とこれからの方向

大都市といわれる指定都市の行政の広域化は、図式的にはふつうの市町村のそれと同じように見えます。しかし、その内容は次の点でかなり異なっているのです。すなわち、制度面では指定都市は基礎自

治体でありながら、府県と市町村の中間に位置する機能を果たすようになっており、また、都市機能の実態面からみると、指定都市は東京一極集中と地方都市の間にあって、北海道、東北、近畿、中国、九州など各地方の広域的ネットワークの拠点として府県域を超えた独自の磁場（都市圏）を形成しているのです。

指定都市の今一つの特徴は、指定都市の指定要件が制度上は人口五〇万でありながら運営上においては人口一〇〇万としているように人口規模が大きく、それゆえ、大都市としての指定都市は市民に身近な行政を円滑に処理していくべく行政区を設け、日常の行政サービスを提供している点にあります。一九九〇年四月現在、一一指定都市があり、そこに一、六九四万人が生活しています。それら指定都市の行政区は全部で一二一区、一区当たりの平均人口は一四万人余りに達しております。この時点で全国には、六五五市が存在していますけれども、そのうち人口一〇万～一五万の都市は四八市（五二五市―四七七市）、人口五万～一〇万の都市は二三三市、さらにそれを五万以下に絞ってみますと二四四市となっています。つまり、これらと大都市の行政区とを比較してみると、一つの指定都市は平均して、人口一五万程度の都市を一一市抱えこんだ「連合体」のようなものであります。このような見方をしますと、指定都市は内部的にみても一種の連合都市といえなくもないのであります。

このような観点からすると、指定都市の広域行政をめぐる問題は、

①行財政権限を含んだ制度上の問題、
②大都市として影響を与える範囲からみた「圏域」の問題、
③内部体制としての行政区の権限・役割と市民参加のしくみの問題

に整理されそうであります。

まず第一の問題は、指定都市側においては制度発足当初からの根の深い問題であります。どういうことかといえば、昭和三一年に地方自治法が改正される前においては、人口五〇万以上で、行財政能力においても都道府県と比してなんら遜色のないと法律で指定した大都市を、都道府県の区域から独立させ、原則として県と市の事務を併せ行わせるものとした制度であったということです。その目的は、大都市における二重行政や二重監督の弊を除き、いわゆる大都市行政の統一的・合理的な運営と大都市の自由潑剌たる活動・発展に資することにあったのです。

しかし、現実の指定をめぐって、当時の五大市とそれらを抱える五大府県との間に激しい対立が起こり、結局、特別市は具体的に指定されることなく、昭和三一年の地方自治法改正によってその制度は廃止され、代わって現行の指定都市制度が創設された、という経緯があったからであります。

現行制度も指定都市については、行政事務の配分、行政組織、行政監督、財政上の取り扱いについて一般の市とは異なった特例を適用し、若干、自治権の幅を広くしてはいますが、特別市制の場合よりはかなり狭くなっています。このために、社会構造の変化に伴って発生してくる新たな行政需要への対応において大都市の行政は府県行政と二重行政になったりする問題、あるいは、府県への届出とか申請という手続きを通して行政を行っていかなければならないため、効率的で総合的な対応が十分にできないという問題、くわえて、そのことが府県と指定都市との関係を上下関係に位置づけさせる問題も随伴させていたのです。

たとえば、福祉行政における軽費老人ホームや老人福祉センターの設置に当たっては、指定都市は道府県知事に届出しなければならないとされています。また、最近のように都市アメニティの確保が新たな行政需要として発生し、それへの対応策として「水と緑豊かなまちづくり」が期待されても、一級河川は建設大臣の管理、二級河川は知事の管理となっていて指定都市には何の権限もなく、親水空間づくりさえ自主的にできないのです。緑についても一応は都市計画法上の開発許可権限は指定都市の市長にもありますが、農地法や森林法上のその権限は知事にあり、したがって、一つの開発行為に農地法や森林法の適用部分があれば、開発者は市長と知事の双方に申請しなければなりません。その際、両者の指導が異なる場合も生じるのであります。そのようなことから、緑の保全を含めて指定都市が統一的まちづくりをしていこうとしても困難が付きまとうという状況におかれているのです。

第二は圏域の問題であります。現行の指定都市制度は、どれだけ都市機能の実態に即して機能するようになっているのでありましょうか。もしも、人口規模の大きい都市という点に焦点を当て、その市域に対してのみ機能するようにしてあるならば問題があります。なぜならば、指定都市を利用する人も、それをつくりあげている人も多様な市民であるからです。指定都市に居住している住民をはじめ、そこで活動している人々は、産業の集積や交通・通信等の整備などによる利便性を求め、また、市外からの流入者は定住者と同じ水準のサービスを求めるのです。

しかし、指定都市がそうした「市民」に対し、安全・快適・健康・利便なサービスをすべて提供できるかといえば、そうではありません。大都市で自然を楽しむことは難しいし、そういう場合は自然の豊かな周辺に出かけて楽しまなくてはならないのです。指定都市がいかに都市としての魅力を高めているといってもその市域内だけで「市民」のすべてのニーズに応えていくことは不可能であるのです。

そこでは指定都市が周辺に影響を及ぼすのと同じく、周辺の恩恵をうけていることも忘れてはならないのです。そこでは「住・職・遊」を備え、安全・快適・便利な都市生活を求める行政需要が増大する中で、広域的な社会経済生活圏の核としての「圏域の発想」に立ち、それらに対応していかなければならないだろうと思います。

この点、指定都市は従来、市域根性に捉われすぎていて、こうした発想とその必要性に基づく行政の体制整備は遅れていたと思います。指定都市側にあっては、その点を現行自治法のせいにするきらいがありましたが、はたしてそればかりでありましょうか。内部に複数の行政区を抱え、それらの連合的な体制によって全体としての大都市の行政を行っていることを考えれば、今日的な広域行政需要に対処していく場合も近接周辺自治体との連合的な方法を進めていくことができたはずです。

たしかに、現行自治法は府県を広域自治体と規定し、その機能を広域的、統一的、調整的、補完的な事務とする一方、市町村を基礎的自治体として、住民に身近な行政を住民の意向を反映させながら行う事務というように、その機能の分担を示してはおります。しかし、多くの指定都市はその都市的実態においてすでに府県の区域を超えて機能しております。そうだとすると、広域的な行政需要への対応にはもっぱら、道府県の役割とするだけでなく、「市民」の生活活動の実態にあった広域的な「圏域」の行政体制を構築して取り組んでいく必要があると思われます。この立ち遅れを、どのように取り戻していくかは現実の問題であるとともに、今後の大きな政策課題ともいえるものでしょう。

第三は行政区の役割・権限と市民参加のしくみの問題であります。先にも触れましたように、指定都市における一区平均の人口は一四万余りであり、それに対して指定都市を含めた全国の都市の平均人口は一市当たり一三万余りでしかなく、行政区の方が市の平均人口規模を上回っているのです。そして、行政区の場合はそのほとんどがＤＩＤ人口で、コンパクトにまとまった様相を示し、それが連担しているのが特徴であります。そのため、一見、市民に対する行政サービスは一般の市よりもやり易い感じを与えますが、現実は必ずしもそうではないようです。

その理由の一つは、行政区は一般市のような自治権を有していないことです。そのために、市民の意向を反映させながら行政を行う好位置にあっても、市民の意向は本庁にひとまず伝えられ、本庁が市民ニーズを行政ニーズに変換した結果をうけて、行政区の行政が動くというように、行政区の行政と市民の間に距離感が存在するのであります。

二つ目の理由は、大都市特有の地域社会構造の変化が行政に与える影響であります。人口の流動性が高く、単身世帯や核家族化が進み、地域での人間関係の希薄化が進んで、まとまりを欠いた地域社会が浮上してきますと、かつて家庭や地域社会がはたしてきた生活上のルールづくりといった機能でさえ行政の役割になってしまうのです。しかし、行政の役割にも自ずと限界があり、それを乗り越えるためには生活者である市民と行政とが何らかの媒介構造を通してその役割を果たしていくことが求められるのではないでしょうか。しかし、その媒介構造の設定は現在の本庁と行政区の関係では難しい状況にありそうです。

いまや大都市市民の価値観やライフスタイルは自己実現のための活動に向けられております。地縁的つながりよりも趣味縁、学習縁、文化スポーツ縁、ボランティア活動縁へと進みつつあるのです。こうした傾向は、かつてのような地域社会の求心力を弱めさせ、人々の暮らしにとっての地域の意味さえ大きく変えようとしています。このようななかで市民に身近な行政を行う行政区は、どのようにしてそうした変化に対応していけばよいでありましょうか。

一縷の望みは、市民が身近な生活の場で過す条件がいくらか整いつつある点であります。週休二日制の進展に伴う自由時間の過し方、高齢者の増大と高齢者の行動半径、保育所、幼稚園、小学低学年などを抱えている母親の地域への関心の高まりなどは、地域を豊かな暮らしの場としてみる条件といえ、行政区が今後、日常の行政にそれをどう取り込んでいくか、ということではないでしょうか。

今後、行政区が果たさなければならない役割はコミュニテイづくりや地域行政サービスの拠点としてばかりでなく、可能な限り自治的に多様な「市民」と協働しつつ地域の魅力づくりを行っていくことです。それを円滑にしていくためには、ややもすれば区行政にとってマイナスとみられてきた多様な「市民」の広範多岐な活動と、そこで市民が身につけてきた英知とノウハウを地域で活かしてもらうことであります。その意味では他の行政区との競争や調整・協力をはじめ、大都市周辺の都市とも交流を深めた行政の展開が望まれます。そして、それらを可能にするための本庁と行政区との機能分担を改めて検討していかなければならないと思います。

以上、大都市における広域行政体制をめぐる主要な問題点をみてきましたが、これ以外にも、財源配分の問題や、あるいはアメリカ合衆国の特別区政府にみられる課税権をめぐっての問題などもあります。紙幅の関係でそれらについては次の機会に譲りましょう。最後に指定都市の広域行政のあり方を、EC諸国間における、国境を越えて隣接している自治体間の協定方式を参照しながら考察を加えてみたいと思います。

4　欧州協議会の協定を参考に

大都市圏における大都市を中心にした広域行政のあり方を考える場合、もっとも重視しなければならない点は、市民意思と直結するしくみをどのようにしてつくり、そのしくみを市民がいかにコントロールできるようにしておくか、という点であります。わが国における従来の広域行政方式はその点、いずれをとってみても全くといってよいほど不十分であったと言わざるを得ません。

欧州協議会は加盟国の国境を越えて隣接する地方自治体間の協力方式に関する協定を締結しております。一九八三年に発行されたその協定条項をみると、加盟国内の一体性と相互協力を促進する目的の下、国境を超えて隣接している地域の自治体はその地域の経済的社会的発展、都市・農村の開発、環境の保全、緊急時の相互援助、公共施設やサービスの向上などについて、それぞれの国内法に抵触しない限り、当該自治体自身の管轄権に基づき相互協力方式をとることができる、としているのであります。これは一種の国境を越えた自治体間の連合による行政である、ということができます。肝心なところは個々の自治体の市民の合意に基づき、この方式への参加・脱退を認めている点であります。

それを参照すれば、わが国の大都市においてもその内部において自治性を確保し、それと同様に大都市圏を構成する周辺自治体の自治権を尊重しながら、目的を明確にした範囲で連合による行政を進めていくことも可能ではないかという点です。その際、その運営の主体となる議会の議員は、各々の構成団体の住民の公選で、また、連合の代表者は全域の住民から選出し、そこで対応すべき政策の立案と執行を個々の構成団体と調整・協議しながら進めていけばよい、としてもいいのではないでしょうか。

もとより、都市連合は既存の都市群あるいは中心都市と周辺都市とが相互協力の精神に則り、各自の独立性を保持しながら、快適な都市圏を形成していくしくみであります。だとすれば、たとい、府県の区域を超えても都市圏の実態に合わせて、欧州協議会のような考え方で広域行政の実を挙げていくことも考えていくべきであろうと思います。これからは、そうした方向で広域行政体制を整備し、府県と市町村間の機能分担や連携の方途も確立していくべきでありましょう。

参考文献と資料

1. 臨時行政改革審議会：国と地方の関係等に関する小委員会「国と地方の関係等に関する報告」平成元年一二月四日
2. 市民の暮らしから明日の都市を考える懇談会『「明日都市懇」中間報告』日本都市センター　平成二年一月
3. 横浜市行政懇話会「横浜市行政懇話会のまとめ～指定都市制度の検討～」（案）平成X年X月
4. 『都市問題研究』第一五巻第一〇号所収論文を参照
5. 『都市問題』第五五巻第七号所収論文を参照
6. 国土庁計画・調整局（四全総研究会）編「第四次全国総合開発計画」時事通信社　昭和六二年
7. Conseil de l' Europe, "Convention-Cadre Europeenne Sur La Cooperation Transfrontalies Des Collectivites Ou Autorites Territoriales," Section des Publication, 1983
8. Gary J. Miller, "Cities by Contract", The MIT Press, 1981

【講話8】新しい自治の息吹
～世界共時性の協働型自治の展開をみて～

1　法令の空白領域からの出発

人々の日常生活に密着している自治行政は、一定の基準に基づいてやっていけばよい、というほど単純なものではありません。福祉でも清掃でもその内容は地域によって区々であり、また異質でもあります。しかも時々刻々とそれらのニーズは質量的に変化していくため、自治行政としてはきめ細かで、かつ、迅速な対応を迫られるという特質をもっております。だが、自治行政は基本的には法治行政の原理に従って運営されていかなければなりません。その現実的対応が法原理的対応と適合しておれば問題はないのですが、ふつう、両者の対応にはズレが生じます。そこに自治行政の難しさがあるのです。即ち、法律というものは過去から現在にかけて発生した問題の解決処理の考え方や手法を参考にして用意されている規準であり、将来生じる問題の解決に即応できる規準とはなりえない面を有するからであります。だから、かりに将来発生する問題に対して有効性をもつように制定されている法律であっても、それでもって後々に発生する問題に十分に対応できるとは限らないのです。

ところが自治行政の実際的対応状況を観察していますと、その対応のほとんどが、いま現在、地域社会において発生している問題の解決処理でありまして、その大部分は現行法令の解釈運用によって処理しうる事象のようですが、しかしそれも、時が経つにつれて類似の問題であってもその構成要件や影響範囲が異なる面も生じてきて、その結果、しだいに無理な法令の解釈運用で対処していくようになっていくようです。こうしたケースの場合、本来なら法令の改正を行って対処していくのが筋でありますが、そうすると自治行政に関する法令は年がら年中、その時々の、また、地区ごとの問題現象に振り回されることになり、法令は普遍性を有する規準原理たり得なくなるのです。

そのことは、現行法令では新たな問題に対応していくことはできないという、法令の空白領域の問題に突き当たるのです。こうした場合、自治行政としては、その問題の影響を受けて困っている地域住民に対し、根拠法令が存在しないから当該問題の解決処理はできないので我慢して欲しいとはいえないはずです。ではどうすればよいでしょうか。

日本国憲法は、地方自治に関する法律は地方自治の本旨に基づいて定めるとし、地方自治体の条例は法律の範囲内で定めなければならないとしているのです。この憲法の趣旨を読み取る限り、日常的に継起してくる問題解決のための法律が用意されていない場合、地方自治体がそのための条例を設けて対応していくことを憲法は不可とはいっていないと解すべきで、このことは留意すべき点であろうと思います。つまり、法令の空白領域について地方自治体には自主的に工夫して対応できる余地があると理解されるのです。この点、法令制定における地方自治体の先導的役割ともいえるものです。

こうした解釈は地方自治体の条例制定権の範囲をめぐってしばしば議論されるところでありますが、実態論としてはこうした法令の空白に直面した地方自治体は自主・自律的に条例を制定して対処しているのであります。そして、そのことが国の立法と行政を先導していることも事実で、国は後追い的に当該問題に対処する法整備に取り組むこととなるのです（全国自治体の三の一程度が自主的に取り組み始めたら、その段階から国も法整備に取り掛かるようです）。

地域住民が日常生活において直面する問題はつねに、法令の存在に関係なく継起しているのでありまして、地方自治体はこうした事態への対応を余儀なくされているのです。だから、地方自治体は自治の現場における自らの叡智と工夫で自治行政を展開していかなければならなくなります。このような経験の積み重ねにより、昨今の地方自治体は自治の発揮にも多少は慣れてきたといえるのではないでしょうか。

たとえば、法令が用意されていてもそれが今日の社会的要請や地域の実情にとって有効でない場合、地方自治体は端に不備な法令に従うばかりでなく、地域の実情を勘案して、時には法令よりも厳しい内容の、若しくは、緩やかな内容の条例を制定して対応していく場合や、要綱をつくって対応していく場合にもそうした自治発揮はみられるようになってきているのです。

このようにみてきますと、地方自治体は地域の実情を十分に把握し、地域住民の叡智を結集して自治行政に取り組めば、いくら中央集権的行政構造の末端に位置づけられていようとも、現行法令の枠内でもかなりの範囲にわたって自治権の行使が可能ではないかと思われるのです。

この点は欧米諸国の場合と異なり、日本の法令が一定の枠内で包括的に自治権の行使を認める様式をとっているからかもしれません。欧米の場合は一つ一つの問題に対処していくたびに自治権認定のための厳しい闘い、つまり、わが市町村の自律的な問題への対処方法を（州）議会に認定してもらう必要がありますので、その意味では、日本の自治権行使の方が幅広くて自由であるといえるのかもしれないのです。

日本では、ややもすれば「欧米の自治権行使は幅広く日本のそれは狭い」という主張がみられますが、そんなことはありません。むしろ欧米では闘いとった自治権を大切に育て有効に行使していくという点で、地域住民はもとより自治体関係者の意識の中に「草の根」の自治意識の強さが感じられます。それゆえ、自治権行使の範囲からみると、欧米の方が個別限定的で狭いかもしれません。

それに対し、日本の自治体関係者は、法令の空白領域において対処しているように、もっと自治の充実・強化に向けて自覚的かつ積極的に諸資源を動員していくべきではなかろうかと思います。

日本の地域社会においては近年、住民の多種多様な社会参加活動が展開されるようになってきています。それが自治行政にもさまざまの影響を与えているようです。自治行政が主として地域住民の生活の場における自主的な活動によって支えられているということを考えますと、地域住民の社会参加活動は自治行政の内的充実と発展にとって大変喜ばしい現象でもあるのです。

現代の日本人は経済成長と科学技術の進歩発展によって多大の恩恵を受けてきております。それに伴い、人々は多様な価値観と個性ある生活様式を身につけてきました。

だが、他方で、その変化に伴う新しい問題も噴出しており、それらへの対応に自治行政は追われているのです。そのような時代に、一定の固定的な制度に拘泥する公務プロフェッショナルの能力だけではその対応に限界と無理があると考えられます。では、どうしたらよいでしょうか。

そこでは当然のことながら、新たに人々の工夫と叡智の結集を図り、法令の空白領域でみられたような方向での新たな自治発揮の枠組みを構想していかなければならないでしょう。今、そのような動きが、地域住民の自主的で自発的な社会参加活動を通して自治行政の中で創出されつつあると思います。

2 新たな自治行政の枠組み模索

変化にスピードと多様性があり、次々と新たな装いをもった問題に対応している自治行政の現場を観察しておりますと、様々な分野で制度と現実の間で悩み呻吟している自治行政の姿を目にいたします。そうした姿は、かつては法令の空白領域についてであったり、法令が時代遅れで現実の問題解決に有効性を欠いていたり、地域の特殊事情に見合わない基準の問題であったりしていましたが、最近ではそうした制度に関するものばかりではなく、地域住民と自治行政の関係についての悩みも多くなっているようであります。

たとえば、昨今では、地域住民がより高次の自己実現の欲求を満たすために多様な分野で自主的な社会参加活動を展開しはじめておりますが、そうした活動の一端が、かつては行政の守備範囲と目されていた領域に入り込むようになり、それを通して、従来の行政のあり方に問題を投げかけるようになってきました。だから、旧来の行政方式に慣れ親しんできた行政プロフェッショナルにとって最近の住民活動は「全く余計なことをしてくれるものだ」と映っているようであります。しかし、「自治行政」という観点に立てば、そのような住民活動によって提起される問題は頗る重要な意味をもつと考えられますし、十分に検討していく価値があると思います。

そこで、思いつくままではありますが、最近の自治行政が直面している課題について、いくつかの論点を以下に挙示してみようと思います。

第一は、これまで「自治行政の本分は住民の要求・要望に応えていくことである」と見なされてきましたが、最近では、「住民同士で互いに手をさしのべ合う」、つまり「要求する住民」の必要に「活動する住民」がなにがしか応えていく、という現象が生じていることです。そのことは、これまで自治行政の範囲と考えられていた領域に住民活動が入り込む下地にもなってきており、その点をどのように受け止めたらよいかという問題、そして、そのことが従来、当然視されてきた自治行政のあり方に疑問や問題を提起するようになってきており、そのことをどのように評価し対応していったらよいか、ということです。

第二は、地域で発生した同一の問題の解決に「住民も行政も手をだす」ということになると、一体全体、行政の守備範囲をどのように考えたらよいか、なにか適切な基準を考え出す必要があるのではないかということ、つまり、社会の変貌に伴って発生する問題への対応について、それへの対応を主たる任務とする自治行政の守備範囲をどうすべきか、いかなる考え方に基づいて対応していったらよいのかという問題であります。

第三は、住民の自主自発的活動が漸次組織化され、ネットワーク化されて活発化していくと、伝統的な住民組織だけと関係をもってきた行政に対し、多様な活動組織との関係も重視すべきではないかという問題提起がなされ、それにどのように応えていくのかということであります。つまり、社会貢献活動を行う様々な組織や団体と行政との関係、とりわけ両者の協力・連携が問われ出したことで、それへの多角的検討が不可欠となってきているのではないか、ということであります。

第四は、行政が独占してきた領域に住民の活動組織が介入してきた場合、両者の責任範囲やコスト負担の問題にどのように対処していくのかということです。このような問題への接近は自治行政においてこそ可能なわけですが、そのアプローチへの理論的根拠と枠組みは未だ示されてはおりません。それにどのような考え方と方法で取り組んでいくかが今後の喫緊の課題となっている点です。

第五は、行政と住民組織とはどのような問題領域についてどのように協力・連携していけばよいか、その場合の理論的根拠はなにか、また、その合理的客観的基準は示せるのか、といった諸点を、説得力をもって分かりやすく提示していく必要があるということです。

第六は、行政と住民組織の協力・連携の協働体制づくりは可能かどうか、可能だとしても様々な側面からの条件を整備していかなければなりませんが、それにはどのような条件が協働体制の整備にとって必要十分の条件となるのかを提示していく必要があります。その場合も精緻な理論的裏付けがなくてはなりません。

第七は、基本的なこととして「自治行政」そのものに関する理論的考察が不可欠になってきているということです。ただ単に「自治行政」とは「自治体の行政である」という軽い定義に依拠するだけでなく、「自治」に基づく「行政」といった側面からアプローチし、自治する主体、自治の目的と手法、自治の働きといった側面から考究していくべきで、その上で自治の制度化と自治の充実・強化に結びつく自治行政の範囲設定のあり方を示していく必要があるのではないでしょうか。

第八は、そのうえで、地域における自治行政は、単一主体によるよりも多主体による方が、つまり、このことは多主体による協働型自治行政の方が自治力を高め、行政の３Ｅ（経済性・効率性・効果性）を向上させ、民主的な自治行政の運営に結びつく面が大きいことを明らかにしていかなければならないでしょう。協働型自治行政体制が地方自治の充実・強化のためにどのように貢献するのか、そしてそれはいかなるメリットとデメリットがあると考えられるのかを理論的に確認していく研究作業も進めていかなければならないと思います。

このような事柄がさし当たりの議論すべき課題となりますが、それらの中で何から取り組んでいくか、検討していかなければなりません。

以上の課題は、現行制度に直接関連した自治行政の枠組上の問題とは異なり、住民と行政とのパートナーシップの関係を理論的な自治行政の枠組みとして捉え直していかなければならない、という新しい論点の提起であり、それだけに新たな方向性をもつ自治行政の理論と実際の姿を示すものといえるのではないでしょうか。

このような方向性は、長いこと制度中心の問題に慣れ親しんできた自治行政の関係者にとっては青天の霹靂で、悩みがいのある課題かもしれません。ただそうはいってもこの悩みは、これまで行政側が唱導してきた参加論の延長として住民の主体的な社会的活動が実質化してきた流れとも受け止められ、その意味ではやっと市民自治に根ざした自治行政が日本でも芽生え始めたと言えるのかもしれません。

ところで、住民の自主的な社会参加活動が自治行政を支えていくという考え方は、日本においては理念上のこととしては理解されていますが、現実はそう上手くはいかない、という声が強いようです。したがって、それはきれい事に過ぎないのではないかとの冷ややかな受け止め方が多いのです。理由としては、行政の仕事はそれを専門にしている公務員に任せておけばよく、素人が手出しするより効率的で上手くいく。その反面、一般市民にはそのような仕事をする暇はない、市民の自治意識もそれほど高くはない、自主的に社会活動に参加できる市民はそれほど多くはない、などといった見方もあり、いまだ市民が社会貢献活動を行なう諸条件も不十分で市民活動もそれほど成熟していないという見方が根強いからであります。

しかし、現実の地域社会を見ていると、一昔前よりは人々が生活の場で過ごす時間は長くなりました し、それを反映して地域をみる目も肥えてきております。そして次第に地域のかかえる問題にも明るくなってきています。こうした地域社会の変化の流れは必然的傾向といえましょう。また、所得の向上や高学歴化、情報化は人々の価値観を多様化させ、余暇時間の有効利用を通して様々な視点から地域を見つめ、考え、地域のために行動するようになってきているのは事実であります。多摩ニュータウンにおける人々の行動様式はその典型でありますので、その様子をつぎに眺めてみましょう。

3　多摩ニュータウンにみる地域住民の自治活動様式

七〇年代に入り、多摩ニュータウンへの本格的な人口流入が始まりました。当時、全国には三、三〇〇ほどの自治体がありましたが、それらの大部分の自治体出身者が多摩ニュータウンに流入して来ました。多摩ニュータウンの都市的機能の中心的位置を占めるようになった計画時の多摩町の在来人口は一三、〇〇〇人ほどでしたが、三〇年後の二、〇〇〇年にはその一〇数倍の一五〇、〇〇〇人ほどになっております。つまり、全国各地から寄り集まった新来住民からなる新しい街になったのです。では、その街の自治はいったい、どのように運営されるようになったのでしょうか。

まず、見知らぬ人同士が一定の地域に寄り集まり、しかも隣の家の玄関とは三～四メートルしか離れていない集合住宅で生活し始めた人たちが互いに顔を合わせて、親しく挨拶が交わせるようになるには二〜三年ほどの時間を要したようです。そのキッカケづくりは一〇〇ないし二〇〇戸程度からなる住区内の草むしりや清掃が住宅管理組合主催で定期的に行われ、互いに共同作業をすることにより会話ができるようになったからでした。

つぎに、最寄りの駅やスーパーなどで近所の方と御会いしたとき、親しく世間話ができるようになるには、更に二年ほどの時間を必要としたようです。とくに、団地に入居できた人たちは新婚世代か子供が小さい世帯の人が多く、年齢的にも三〇〜四〇歳代の働き盛りであり、地域生活者として地域問題について語り合う機会も時間もが未だ少なかったからであります。

さらに地域問題について住区で語り合い、行政と協議したり要求したりしながら、自分たちの能力や技能や労力で対処できることを決めて取り掛かるにはやはり二〜三年を要しました。

そして、一般的に言われる自己実現をめざす社会貢献活動へ高められていくには少なくとも後二年ほどは要したようです。

私は多摩ニュータウン生活を一八年間体験しましたが、最後の社会貢献活動のレベルまでに達するには一〇年以上の月日を要しました。たとえば、多摩センター駅から南へ一キロほどの住区には芝生の築山が造られております。そこを会場にして、毎年夏には、一流の演奏者や歌手などを招いて野外コンサートを開催しております。このコンサートは築山付近の住区の人たちがボランティアで演奏家たちに声を掛けて協力をお願いしてはじめたものです。入場料は無料ですが、会場入り口に寄付箱を置いて演奏者たちへの謝礼と会場の清掃費に当てていました。

多摩ニュータウン周辺には四年制大学が一九校も立地しており、居住者のなかには大学関係者をはじめ、マスコミ関係者、司法関係や会計士関係、さらには音楽関係者など、多様な専門領域の人たちが住んでいます。しかも三〇～五〇歳代の人たちが中心で、職域型人間から地域居住型人間へと切り換えられる価値観をもっている人たちが多かったようです。行政に対しても要求するだけでなく、総合計画策定の住民参加方法についても住民提案をして行政と協働できる、いわゆる協働型自治行政の方途を示すになっていったのです。

新天地における新住民による自治活動の展開にはこのように長い時間を必要としましたが、今では時代の流れに遅れるよりも時代の先頭を切って自治活動を展開している、地域自治のフロントランナーのような段階にまで到達しているといえるのではないでしょうか。

このような社会的諸条件の変化と価値観の多様化は、人々の社会参加活動を促す条件を豊かにしてきました。そして、そのように社会参加活動環境が整ってきたことにより、人々は個人レベルから集団や地域社会レベルへと参加意欲を高め、社会参加するようになってきた、といえるのです。

九〇年代の世界的潮流としてはシティズン・エンパワーメント（市民力向上）が席巻してきました。それ以降、かつての伝統的な地域住民組織である町内会や自治会とは別に、地域社会では多種多様な活動の組織化が見られるようになってきております。おそらく、そうした活動の組織化は社会生活における人々の相互作用を拡大・深化させている証とも考えられるものです。

ですから、そのような社会的動きの浸透拡大は近い将来、人々の社会参加活動を個人レベルから集団や地域社会レベルへと高めていくであろうと考えることができます。すでにそうした流れは全国各地でみられますし、これからは更に活発化していくことでしょう。

要は、この傾向が自治行政を制度依存型から住民自治型へ向かわせ、成熟していくかどうかでありま す。現状では、まちづくり、環境、福祉などの分野で住民の参加活動が自治行政を支えているケースもみられますけれども、いまだ十分であるとはいえません。

そこで、住民活動と自治行政が友好な関係を築きながら住民自治の充実・強化に繋げている内外の例を取り上げ、自治行政の新たな枠組み構築のための参考に供していくことにしましょう。

4　アメリカの小さな都市における協働型自治行政の展開

かつてヴァジニア大学に留学していたとき（一九八四〜八五）、その大学が立地しているシャーロッツヴィルという、人口四万人ほどの小さな町にお世話になりました。そのとき、市政府と地域住民組織の関係を調査する機会にめぐまれ、いわゆる内部地方間関係について調査研究をいたしました。

日本では、連邦と州の関係とか、州と自治体の関係とかについては比較的よく研究されていますが、一つの自治体内の内部地方間関係（Inter-local Relations）の問題、つまり、自治体政府と地域住民組織の関係についてはほとんど研究されておりませんでした。そこでここでは、このときの調査を踏まえ、シャーロッツヴィル市における自治行政の特色を内部地方間関係に焦点を当ててみていきます。

（1）シャーロッツヴィル市の特色

この都市は位置的にいえば、首都ワシントンD・Cから南西の方向へ車で二時間ほどのところにあります。この地域はセントラル・ヴァジニアといわれ、三角形の地理的形状をなすヴァジニア州の、ほぼ中心部に位置し、その中心都市がシャーロッツヴィル市なのです。この小都市は今から二二〇年ほど前に僅か五〇エーカーの広さを対象に州議会から町(Town)として承認された田舎町から出発しました。

それが街らしく発展する契機になりましたのは、第三代大統領であったトーマス・ジェファーソンがその職を引退し、この町に州立のヴァジニア大学を創設した(一八一九年)ことによります。爾来、この町は、大学の成長とともに市街地の外延的拡大を遂げ、その連担地域を併合しつつ都市としての機能を高めてきたところです。そして一八八八年、法人格をもつ自治都市としてインコーポレイトし、都市自治体(Municipality)になって今日に至っているところです。一九九〇年では市域人口四・三万人ですが、市街地の更なる外延的拡大により、シャーロッツヴィル市を囲んでいるアルベマール・カウンティ区域にスピルオーバー(溢出)している人口は七万人を超えております。

この溢出傾向は一九七〇年頃から続いており、たとえば、七〇年センサスでは市人口三万、カウンティ人口四・五万でありましたのが、八〇年センサスでは、市人口は約四万、カウンティ人口七・二万というように、市人口もカウンティ人口も着実に増加しています。が、九〇年センサスでは市人口四・三万で三、〇〇〇人増、カウンティ人口は七・五万で二、〇〇〇人増となっております。

このことから市の人口は七〇―八〇年の間に急増しているものの、八〇―九〇年の間はその伸びも鈍化していることがわかります。これは市域が狭いことと、一定の良好な住環境を維持するという、市の方針を反映した現行の土地利用規制が厳しいからであります。

いずれにせよ、自治行政界で区切った自治都市としてのシャーロッツヴィル市の人口は四・三万人というように、小規模ではありますが、市街地が連担する実質都市としての人口は優に一〇万人を超える都市らしさを備えております。アメリカ合衆国では人口一〇万人を超える都市は、全国六、五〇〇ほどある都市自治体の中で二〇〇市程度しかなく、その意味からするとこのシャーロッツヴィル市はセントラル・ヴァジニア地域の実質的な中核都市ということができます。

このような状況にあるシャーロッツヴィル市において、どのような要因から内部地方間関係の問題が生じたのか、また、その問題に対処するために市民と市行政はどのような関係をとりながらシャーロッツヴィル市の自治行政を支えてきたのか、次に、それらの点について一瞥してみようと思います。

(2) シャーロッツヴィル市における内部地方間関係

まず、シャーロッツヴィルの市民組織と市政府の関係に火を付けることになった要因はなにかという点であります。その大きな要因は人口流入を中心とする急激な都市化の影響でありました。なぜ、この地域が急激に都市化したのかといえば、一つは首都ワシントンに至近距離にあること、二つは気候温暖という自然地理的条件に恵まれていること、三つはヴァジニア大学が発展し、この町がほどほどの都市的機能を有するようになり、市民生活上の利便性を高めた都市環境を備えてきたこと、四つは市域面積が狭隘であること、が都市化の主要な要因として挙げられます。とくに市域が狭いところに流入人口が増えてくると、良好な住環境の維持がむずかしくなりますので、市政府としては在来住民の意向を受けて一定水準の住環境の維持を目的とする土地利用規制に乗り出したのです。これにより市内での住宅地開発がままならなくなり、必然的に流入人口は市域の外周部であるアルベマール・カウンティ区域に住居を求めて行かざるを得なくなったのでした。

だが、人々が憩い、働き、学び、楽しむといった日常生活の中心拠点は実質都市であるシャーロッツヴィル市にあったのです。他方、行政サービスの提供主体といった面から見ますと、市内居住者には市政府が提供し、市外居住者にはカウンティ政府が提供するというように、同一生活圏の人々に対し、別々の主体が行政サービスの生産供給を担っており、人々の生活圏感覚と行政サービスの生産供給の実際にはズレが生じていたのでした。つまり、行政サービスの水準・範囲・種類といった面で、市政府とカウンティ政府では異なっているため、居住地が市内か市外かによって行政サービスに差が生じていたのです。が、地域生活の一体性を有する住民にとって、この生活感覚と行政サービスとのズレや不一致はこの地域に住む人々に対し複雑な問題を投げかけたのでありました。

加えて今一つの問題は、ヴァジニア大学が州立大学であることから発生したものです。つまり、大学の本部キャンパスと関連施設は、シャーロッツヴィル市の中心部に立地していて、その面積は市域の二割以上を占めており、その区域の行政はカウンティ政府が所掌しているのです。そのため、市政府の管轄区域は地理的にはドーナツ状に空洞化し、行政サービスも分断化されるという問題が生じていたのでした。

かくして、シャーロッツヴィル市の自治行政は、カウンティ行政でサンドウィッチにされる状態になってしまいましたが、実質都市域としての問題については二つの政府が対応しなければならず、それが区々であれば生活者である市民の便益にはギャップが生じることとなり、このことが内部地方間関係に火を付けることになったのでした。

すなわち、この問題に気づき、その解消策に立ち上がったのは、同じ地域で生活していながら政府の管轄が異なることにより生活便益にギャップが生じるのはおかしいとする、近隣住区住民を基礎とするボランティア集団であったのです。このボランティア集団は市域であろうがカウンティ区域であろうが、一つのまとまりをもったネーバーフッドであれば、それを単位にして地区の環境指標をチェックし、それを実質都市の全域にわたって調べ、その結果を踏まえて市政府やカウンティ政府の政策に反映させていくという、そういった活動を行うネーバーフッド単位の住民ボランティア組織でした。

地域ボランティア連合の初代会長になったペギー・キング（Peggy king）女史は、生活者の視点からそのような活動を行っていかなければ、市政府とカウンティ政府の施策ギャップは埋められないとし、私のインタビューに応じて、次のように話してくれたのです。

この町にはさまざまのボランティア活動集団が存在するけれども、これまでは市民の居住地の問題とボランティア活動とを結びつけてこなかったのです。しかし、生活の場を同じくする市民が政府の対応の差異によって生活上の便・不便を被るのはよくない、それを是正するべく各級政府に働きかけていくのは各ネーバーフッドの人たちが手を取り合って働きかけていくボランティア活動しかないと考えたのです。いまだ実質都市の全域にわたってネーバーフッドは組織化されてはおりませんが、現時点（一九八五年二月）までに地域の八割をカバーできる三〇住区（ネーバーフッド）でボランティア活動組織をつくってきました。そして、これをボランティアの市民タスクフォース（Citizen Task Force）と位置づけ、両政府の政策過程である計画・実施・統制の領域に建設的な関与をしていくという、活動方針を打ちたてていったのです。

こうした活動に対し、私のホストファミリーであった、シャーロッツヴィル市長のフランク・バック（Frank Bach）氏は、ネーバーフッド連合のボランティア活動について、「地域住民が居住地で生活を、働きを、成長を、そして社会的貢献を楽しむことは、住民による、住民同士の、住民のためになされる地域社会の秩序形成であり、地域社会の質を高めていくうえでの重要な活動である」と評価し、「各ネーバーフッドが抱えている問題を、政府執行部や議会や各種委員会に住民が直接提起し、助言を与えていくことは住民と政府の信頼関係を強くするばかりでなく、住民が行政サービスの政策形成者やその生産者としての役割を果たしていくという意味で、政府との協働関係を築くことは民主的な自治行政の発展に役立つものだ」とも示唆してくれたのです。

（3）　市民と行政の協働による政策形成

そこで次に、両者の考えが実際にはどのようなかたちで展開されているのかを、シャーロッツヴィル市の総合計画策定過程を通してみてみるとしましょう。

アメリカ合衆国では一九八〇年センサスから、一定の条件に基づく近隣住区単位を設定し、その住区の社会的、経済的、文化的、環境的特質を明らかにする、実にきめ細かな指標を用意して調査するようになりました。これはカーター大統領時代における全米ネーバーフッド委員会の『全国ネーバーフッドに関する調査報告』（一九七七―七九）をうけて調査されるようになったもので、そのレポートが「アメリカ社会の再生と社会の質の向上を期すとすれば、まずなによりも国民の生活拠点である近隣住区の「質」を基準に測定し、評価し、対応していかなければならない」として大統領に進言したからでした。

このようなわけで、アメリカの自治行政では、ネーバーフッドに関するセンサスをもとに政策が形成される傾向が強まってきています。たとえば、シャーロッツヴィル市の場合、個々のネーバーフッドが抱えている問題状況をセンサス結果から洗い出し、その除去方策を計画化していくとともに、それらを全市的に積み上げて都市自治体としての将来計画を作成する、という方法をとっています。

この作業は市のコミュニティ開発部（日本の自治体では企画部に相当）が担当し、客観的に作成されております。つまり、この原案作成過程に利害関係者は関与しない方式を取っているのです。

もとより、政策過程は課題の設定からはじまり、解決策の原案構想に基づく政策作成・その政策の決定・執行・評価・修正と再投入というプロセスを辿っていきますが、政策形成過程になると利害調整による公平・公正の確保と優先順位の観点から利害関係者の意向も反映させていくのです。シャーロッツヴィル市では、その意向反映の方法として「総合計画策定の意向補充調査」（comprehensive plan supplement）を実施しています。

この補充調査こそが、ネーバーフッド・ボランティア集団の提言を市政府側が受け入れて実施するようになったもので、今、その内容を簡単に紹介しましょう。

まず、総合計画の原案を市のコミュニティ開発部が作成する。これはセンサスに基づき市内で組織化されたネーバーフッド単位の課題を整理分析し、まとめた内容で、これを二〇頁程度に要約し、市内の全世帯に配布してチェックしてもらいます。そして、チェック用紙を回収し、再度、その内容を整理分析して原案に反映させ、総合計画を策定していく方法をとっているのです。チェック・リストは要約版の末尾の見開き頁に用意されており、市域全体の問題と各ネーバーフッドの問題に分けてチェック・リストに示されており、全部で七〇項目ほどが挙示されていました。その最後には原案に対する意見欄があり、そこには自由に意見を記入することができるようになっておりました。

問題は、この方法をとった場合、時間・コスト・労力がかかりすぎる点です。たとえば、補充調査内容は、タブロイド版で二〇頁もあり、その印刷・配布・回収・集計・分析には大変な労力と時間とコストを必要とします。この難題をどのように乗り越えるか、が課題であったのです。

日本でならこのような問題に直面すると、一般市民がボランティア精神を発揮して行政業務に取り組むことなど非常に難しく、おそらく行政側もこのような事業への市民の介入に対しては頑なな態度をとり、不可能であろうと思います。だが、シャーロッツヴィル市の場合はボランティア集団が市民タスクフォースとしてこの補充調査の大半を担っているのです。さらにこの調査に要する経費についてもその大部分を市内に立地している企業であるところの、銀行、レストラン、新聞社、ガソリンスタンド、旅行社、ホテルなどが社会貢献の一環として寄付（八割）をし、残りを市の財源と一般市民の寄付で賄うようになっていました。

このようにして策定された総合計画案は市議会においても何ら問題なく決定され、実施過程においても市民の協力が得られやすく、「自分たちの街は自分たちの力で作っていく」という「草の根の住民自治意識」がさらに深められる効用も期待される、ということでありました。

シャーロッツヴィル市における総合計画の策定過程は、地域の住民と行政と企業が互いに有する能力を発揮しあい、よりよい地域社会を築いていこうとする実例であるといえるかもしれません。

これを自治行政の新しい枠組みとして捉えてみると、それは住民と行政と企業が互いに力を出し合って営む「協働型自治」の展開であると位置づけられるのではないでしょうか。

5　日本にも新しい自治の息吹が

このようなアメリカの小さな町の自治行政を紹介すると、多くの日本の自治体関係者は、さすがにアメリカは「自治実験の国・分権の国」で進んでいるなと感心されるかもしれません。そして二言目には、住民の意識が違うから日本ではそうはいかないだろうと、対岸の火事的呟きで終わってしまうかもしれません。

だが、そう感心したり呟いたりする前に、自らの足下の地域社会に目を凝らしていただきたい。そこにはシャーロッツヴィルの市民たちと似たような考えをもち、似たような活動をされている人たちがたくさん居られるはずです。

要は、それが住民と行政の協働関係にまで高められていないということではないでしょうか。もしそうならば、なぜそうなっているのかを検討し、協働関係の確保の為にはいかなる条件を整備していかなければならないか、について考究していくべきであろうと思います。

日本でも既に、多くの自治体で「協働」という用語が自治体の政策づくりや施策実施過程において駆使されております。その内容を探ってみますと、個別の行政分野において住民の叡智を少しでも自治行政に還元していきたいという意味が込められており、そのことがキーワードとしての「協働」という用語の意味で用いられているようであります。しかし、それは残念ながら個別断片的に終わってしまい、継続性に欠け、地域社会を構成している様々の主体に対して「協働」を喚起するというレベルまでは達していないようです。それはなぜでしょうか。

簡単に言えば、自治行政は地域の多様な主体によって担われているという、自治の原点についての理解が表面的すぎるからではないかと思われます。そのため、一般の地域住民の社会参加や社会貢献活動との関係に配慮が足りなく、上級政府の意向に配意しすぎて、法令万能主義の執務態度を執りすぎているからであろうと思います。

新たな動きには敏感でありながらも伝統的な行政対応に拘泥し、その結果、市民と行政の関係については中途半端な対応状況に陥ってしまう、それが現状ではないかと考えられます。それゆえ、この域を超えるべく、今一歩の取り組み努力を期待したいのであります。

私は一九八九年の秋、『参加と協働～新しい市民―行政関係の創造～』（ぎょうせい）という著書の下書きを脱稿しました。そして直ぐに、その中で論じていたことを検証するべくシャーロッツヴィル市の場合と同じ要領で、ヨーロッパのいくつかの都市における「市民と行政の関係」はどのような状況にあるのかをヒヤリング調査いたしました。

その結果を箇条書き的に整理しますと、以下のようになります。

① ドイツのケルン市では地区詳細計画をめぐって様々の角度から、市民と行政と企業が意見を出し合い、三者による協働の計画策定を行っているとのことでありました。

② イタリアのボローニャ市では、三人寄れば政治の話に花が咲くといわれるように、市民同士の議論が盛んで、それは行政が策定する街並みの保存計画や修復計画についても遺憾なく発揮されているとのことでした。現に、ボローニャ市役所でインタビューしていたときも、市役所前の広場に人の輪が

できはじめ、何か催されるのですかと尋ねたら、ボローニャ大学から市役所までの狭い道とその道路壁の改修について市民同士が意見交換しているのだ、ということでした。論点は歴史的建造物の価値をどのようなかたちで残しつつ、現代人の好む街らしい機能を配置していくかであって、一定の方向性がみえたら行政と協議していくことになるとのことであったのです。

③　イギリスのロンドンでは、コミュニティの再生と活性化のための市民ボランティア活動が積極的に展開されておりました。とくに、コベントガーデン地区の青空広場とその広場を取り囲む歴史的建造物を含む再開発計画策定についてボランティア・グループはときには抵抗し、ときにはアイディアを提供しつつ自らできることを実行に移していくという協働の立場にたつ活動をしていたのです。この再開発のケースでは、行政側が歴史的建造物を取り壊す計画を策定していましたが、市民側は、建造物は残す価値があるので、英国一流の画家の力をかりて汚れた建物の壁面に「壁画」を描いてもらい、建物を壊さずに残していこう、というアイディアを提供し、行政の再開発計画の修正をもたらしたということであります。

フランスのパリでは市役所の担当者との連絡が上手く取れず、インタビューが不首尾に終わってしまいましたが、それ以外の地区における市民と行政の関係に関する調査から学んだことは、地域のことは地域住民をはじめとして、その地域に立地している企業も行政と一緒になって施策の形成に取り組む体制を整え、Plan・Do・See の管理サイクルに乗せて協働している点でありました。とりわけ関心を惹いたのは、市民の中に様々の分野の専門家がいて、かれらが活動の組織化と行政や企業との協力関係を確立するべく媒介者としての能力を発揮し、その役割を積極的に果たしているということでした。

つぎには、施策に関連する豊富な情報を行政が惜しみなく市民に提供するというように、行政側の姿勢が常に市民を尊重する態度で貫かれていること、そして最後は、こうした施策形成における協働方法は、じつは一九七〇年前後から積極的に採用されるようになってきているもので、比較的新しい取り組み方であった、ということです。パリでは、パリ賦課金制度とデ・ファンス地区の街づくりとの関係について市民はどう関わったかを調べる予定でしたが、それは不首尾におわってしまいました。

このようにみてくると、私が主張する「協働型自治行政」というスタイルは、一九七〇年頃から世界のあちこちで展開されだしていたようであります。その点、日本の自治行政の現場でも、当時、参加行政やコミュニティ行政の分野でそのような動きが見られていたわけでありまして、欧米諸国に比して必ずしも後れをとっていたわけではありません。

日本における先駆的な例は神戸市の真野地区におけるまちづくりや武蔵野市のコミュニティづくりに見ることができます。ただ、この時点では必ずしも市民同士の協働とか、市民と行政の協働という概念に基づき進められていたのではなく、行政側が用意した参加装置に市民が乗ってという動きでありました。それは当時、いまだ「協働」を推し進めていくだけの環境条件が社会的、経済的、文化的に市民生活の中にも自治行政の中にも整っていなかったからであります。

しかし、このところ、そうした条件もかなり整ってきました。地域社会においては住民の自主的社会参加活動が急展開しはじめ、行政に要求・要望するだけの段階から多様なアイディアの提供、専門的な知識や技能の発揮、そして時間や労力を自治行政のために割いて支えていくという動きも見られだしたのです。

それに対し行政側もここ二〇年ほどの間に、法令の空白領域への対応を中心にしつつ、政策形成過程への住民参加チャネルを工夫し、市民が有する能力を取り込みながら政策形成能力を高めてきているのです。そして今や、地域の住民（法人市民を含めて）と行政が互いに手を携えるという協働型自治行政の概念を認識し、その体制整備に向けて動き始めています。昭和五七年における東京・中野区の「まちづくり白書」はその草分けといえ、その後、多摩市や秦野市、北九州市などでは総合計画策定や地域活性化方策の検討において住民と行政との協働が進められるようになっております。一九九〇年秋には神奈川県自治総合研究所において「協働の政策」を中心にした研究発表大会が催され、一九九一年春には徳島県において「参加から協働へ」というテーマでシンポジュームがもたれました。

このようにいま、日本の自治行政は複数の公共の担い手による協力と連携の方向をとりながら、「協働自治力」という新しい概念のもと、住民の意思と能力と資源を動員した協治社会を構想し、その社会における真の自治行政を芽吹かせようとしているのであります。

【講話9】

新しい市民＝行政関係の創造
〜パートナーシップの自治行政学〜

1 問題意識と接近方法

このところ、日本の市町村における行政は大きく変化してきているようです。かつて市町村は、法令に示された基本行政を国の指揮と監督の下に、府県の助言を介しながら行っていくのに精一杯でありました。だが、最近では、権限面や財政面の不十分さにもかかわらず、市民の協力を得ながら、自ら考えて目標を定め、その達成に努力を払い、結果に対しても自ら責任をとっていく方向に変わりつつあるように思えます。

こうした流れは府県行政のあり方にも影響を与えつつあり、おそらく、近い将来には国の行政にもなんらかの影響を与えていくのではなかろうかと推察されます。

では、このような自治行政の流れはいったい、いつ頃からどんな背景と要因によってもたらされてきたのでありましょうか。この点の実証分析は研究者にとっても大いに興味をそそられるところです。なぜなら、市町村が徐々に自主・自律性を身につけつつ、行政運営においても自治性と主体性を発揮していくようになれば、そこでは自治行政の新たな充実強化の道筋が確認されるだけでなく、同時に新たな自治行政の理論枠組みとその実現可能性が展望できる、と考えられるからであります。したがって、ここではそのことを明らかにしていくとともに、それが有する価値についてもさらに議論を展開して認識を深めていく必要がありましょうから、それについても述べてみたいと思います。

これまでの自治行政研究を振り返ってみますと、いっぱんに、自治体の行政サーヴィスを中心とした主体と客体の関係を念頭におきながら、経済性・効率性・効果性という3Eの側面から接近していく場合が多かったようです。しかし、それらにはこれまで、「自治行政」の本（特）質である「自治性」を論理の枠内に取り込んだ、説得力のある自治行政の理論と実践の構築に関する研究は少なかったように思います。このことが自治行政研究の理論的弱点であり、制度論や管理論に走りすぎる側面とも指摘されてきた所以でありました。

ところが、自治行政の現場では今まさに、その研究素材としての自治論を提供してくれる状況が生じてきているといえるのではないでしょうか。自治行政に関心を持つ研究者らも遅ればせながらそのことに注目するとともに、現場における実証研究とその積み上げの必要性に気づいたようであります。そして、これからは自治行政の現場における主体と客体の関係のなかでの「自治性」に目を向け、それを重視した自治行政の理論枠組みの構築とそれに基づく行政実践の方途を開発していく、そのための絶好の機会として現在を捉え、それに取り組みはじめたのであります。

そこで、この講話では先ず、地域住民にとってもっとも身近な政府である市町村が、いかなる背景要因によって主体性、自律性、自治性を身につけてきたのか、あるいは、それらを発揮するようになってきたのか、を鳥瞰します。

そして、次には、地域社会における市民と行政の協力関係の移り変わりといった点に焦点を当て、その分析を通して市町村の自治性、自律性、主体性の発揮には市民と行政のパートナーシップの深化が必要不可欠であることを示唆していこうと思います。

そのうえで、多主体間の連携・協力体制である「パートナーシップ」に基づく新たな自治行政システム（以下、本論ではこれを「協働型自治行政」と呼ぶ）の姿と意義について考えていくことにします。

2　自治の本質と市民＝行政関係

今更、トックビルやブライスの格言を持ち出すまでもないことですが、地方自治はデモクラシーの学校と呼ばれてきました。いうまでもなくデモクラシーというのは市民（デモス）が権力（クラチア）の主体になって執り行う政治様式のことであります。その政治様式は国家という大規模社会におけるよりも地域社会という小規模社会における方が人々は身につけやすいということです。

つまり、小規模社会では、人々はそこで継起する問題とその原因を発見しやすく、したがってその解決策を考えたり、住民同士で調整しあったり、さらには解決策の決定に影響を与えたりすることができ、また、内容によってはその解決処理に協力・連携しあうと同時に、その結果についての責任意識を高めたりすることができるからであります。また、そういう地域社会の政治に人々は容易に参加でき、意見も表明しやすく、地域政治に参加する機会も日常的に存在するからであります。

こうした小規模社会のもつ政治的親近性と政治的決定への近接性という特質からトックビルやブライスは、「地方自治はデモクラシーの小学校であるとともに人々の政治的教育の場でもある」と喝破したのでありました。

だが、その前提としては空間的小規模性だけでなく、地域社会を構成している人々の「自らのことは自ら考え、判断をして行動し、その行動結果には自らが責任を持つという、自己を統治する能力」が必要でありまして、そこに貫かれているのが「自治の原理とその基礎概念」であります。

地方自治の「自治」というのはセルフ・ガバヴァニング（self-governing）、いわゆる「自己統治」のことであります。これについては「みずから治める」という積極的意味づけと、「おのずから治まる」という消極的意味づけが対比的に言われますが、政治文化的にみて前者は西欧の、後者は日本の自治になるのではないかと、揶揄的に比較されてきました。

しかし、本来的な用語法からすれば、「自治」とは、自己の意思で自己の行為を律していくこと、平たくいえば、市民は自由に考え、その考えに基づいて自由に行動できるが、その行動及び行動結果については自らが全責任を負うことと置き換えてもよい意味であります。

これは個人レベルの自治についてですが、しかし、それが二人か、それ以上の集団や地域社会の自治のことになりますと、ことはそう単純ではありません。そこでは自己の意思を主張しつつも他者の意思も尊重し、他者との共通領域を形成するための調整と統合を図っていかなければならないからです。そのうえで、その統合された意思に各人は従わなければならないという順法精神が求められるのです。これが地域や団体の自治規準なのです。

だが、その場合、各人は、自らの意思が統合意思の一部分をなしているという範囲は個人としての自由領域であり、その領域に関しては自律の発揮が可能で、統合意思に完全に拘束される状態になるとは限りません。また、その統合意思は不変のものではなく、社会の変化や、各人の考え方・価値観の変化に応じて再統合されていく性質のものでもあります。

それゆえ、そこでは、個人の自由意思が働く領域と統合された意思に従わざるを得ない領域とを律する規準を定立し、お互いがその規準を遵守していくことが求められるのです。この場合もその規準は絶対不変ではないので、絶えず各人の自由意思との調整をおこない、規準の再定立を図っていかなければならないと思います。

このように考えると、最も重要な問題になってくるのは、だれがそうした規準を定立したり、遵守させたりしていくのかということになります。そのためにこれまでは、地域社会は自治を営んでいくための主体となる機構を制度化してきたのであります。その今日的な姿が市民の直接公選の代表によって構成されている統治機構としての広義の「市町村政府」であります。

このような「政府」というものの生成過程からすると、「政府」というものは市民意思から離れて機能することは許されず、市民の負託に応えていくように機能していかなければならない、ということがよく分かると思います。

ところが、現実は種々の要因が作用しあうことにより、「政府」は必ずしもその通りには機能しない場合が生じます。そうなると市民と政府の信頼関係が確立している場合はともかく、そうでない場合は政府が瓦解していくか、逆に、政府が市民意思から離れ、市民の負託には応えないで市民を抑圧するような権力を行使し、政府が一人歩きをする存在になってしまう場合（危険性）も生じるのです。

そのようなことから、市民と政府の信頼関係をいかに確立していくかが地域社会における民主的な自治運営にとって最重要の要素になると考えるのです。

自治の本質を考える場合の、今一つの重要な点は、自由と平等の関係であります。今ここに、二人以上の人々がいて、各が自由を百パーセント主張するとします。そのとき、互いの平等は消滅するのではないでしょうか。逆に、各が平等を百パーセント主張するとします。そのときは、互いの自由はなくなってしまうのではないかと思います。デモクラシーは自由と平等の要素から成り立つ政治様式であるといわれますけれども、要は、この二つの要素がどの位の割合で調和した状態（政治形態）をデモクラシーというのでしょうか。われわれは政治的人間として、このことをどのように考え、選択していけばよいでしょうか。この点、非常に気にかかる難しい問題でもあります。

一般に、自由民主主義を主張する場合は自由の要素を大きくし、社会主義を主張する場合は平等を大きくする政治であるといわれます。日本の政治をこの規準に照らしてみると、なんとなく「ネジレ現象」を起こしているように思えるのです。たとえば、自由民主主義を主張する政党が政権党でありながら、その実質は平等志向の権力行使に向かっており、逆に、平等の要素を大きく主張すべきはずの野党が、自由を拘束する平等志向に反対しているというのはなんとも可笑しな話であります。これは日本の民主政治がいまだ成熟していない証といえるのではないでしょうか。

それはともかくとして、自治の本質は、この自由と平等の調和を本来的に具有しているのではないかということです。どういうことかといえば、地域社会が自己統治を行っていく場合、その地域社会を構成している人々は自己の意思を自由に発揮していくことが基本的に保障され、お互いが平等に従う統合意思を形成できるという前提に立っております。そのことから地域社会では、成員個人の自由意思と、全成員が平等に遵守すべき統合意思とを車の両輪として自治運営を行っていると考えられるのです。だから、自由か平等のどちらかの要素が大きすぎたり、あるいは欠落していたりすると円滑な自治運営は期待できなくなるのであります。

そのような意味で、地域社会の「自治」は、自由と平等の要素を対等で、かつ、不即不離の関係に位置づけ、両者を上手く均衡調和させていく統治様式をとっていかなければならない、と云えるのではないでしょうか。

とはいえ、この統治様式を実際に機能させていくには、原理的に自治概念がいくら自由と平等の要素を内包しているといっても一体、だれがこの二つの要素の調和を図っていくのか、その際、いかなる方法や手段を駆使して均衡を図っていくのか、という主体と方法と手段の検討が不可欠となります。

そこで先ず、現代デモクラシーの観点から、その主体のあり方を考えてみましょう。

現代デモクラシー下における統治権力の淵源はいうまでもなく市民にあります。直接民主政の下であれば常に、市民がイニシアティブをとり、市民自らの能力で地域社会の統治を行っていくことになりますので、市民が直接、その統治の主体となります。

しかし、間接民主政の下では、市民が自らの意思でその統治を負託する機構＝政府を設け、それを地域社会における統治の主体として位置づけております。だから市民とその機構とは信託統治の関係となるのです。

したがって統治主体のあり方が問題となってくるのは間接民主制下における市民と政府の関係にもとづく地域社会の統治ということになるでしょう。

この点、日本の場合、制度論的には間接民主制を補完するべく直接民主政の活用も部分的に認めています。だが、これまでのところ、それが十分に機能しているとは必ずしも云えないようです。それというのも、今まで市民側は政府に要求要望するだけの自己主張であったし、対する政府側も自らの権力行使の論拠を主張するだけであって、両者の歯車は噛み合ってこなかったように思います。それにはさまざまな理由が考えられますが、基本的には市民側の自律（立）心の欠如が一方にあり、他方で政府側が市民意思を尊重するよりも法令万能主義を強く働かせたいため、ということがあるからではないでしょうか。

それは、市民が意思を表明し、それを集約し、調整・統合していくという「プロセス」の価値認識が両者に欠けていたからではないかと思います。こうした状況は両者の信頼関係を遠ざけこそすれ決して近づけることにはならないでしょう。その意味ではむしろ、地域社会の自治は最近まで、強化されるどころか、長きにわたってその脆弱さを引きずってきたのではないかと思います。

しかし、経済社会の変貌は、市民と政府の両者にそのプロセスの重要性を自覚させていくのです。その一つは市民に権利意識を芽生えさせ、その結果、政府（行政）の肥大化をもたらしたこと、その二つは市民と政府との間にほどほどの緊張関係を生み出してきたこと、そして、三つは政府が強制の契機を伴う存在であることに市民は認識を深めつつ、政府の肥大化に付随する問題と市民的自由の確保の問題に強い関心を抱き始めたこと、さらには、四つ目として、市民と政府の関係のあり方に目を向けながら、市民の統制による政府との信頼関係の回復を模索しはじめたこと、などが指摘できるのです。

昨今の住民運動や住民（市民）参加の台頭は、まさしく、この調整・統合のプロセスの重要性に対する認識の深まりを示し、それを行動に移す象徴的な出来事であるとみてとってもよいのではないでしょうか。そして、最近においては更に進んで、両者がパートナーシップの関係を深めながら統制と信頼の関係を打ち立てる方向に歩みつつあるということにほかならないようです。

こうした変化の流れは両者の「市民自治を基礎とする主体のあり方」についての自覚の高まりといえ、どうやらわが国においても地域社会から民主政治の基盤を醸成していく気運が盛り上がってきていたといえそうです。そこで次に、市民と政府のパートナーシップ関係の移り変わりをみながら「自治」の実相に迫ってみようと思います。

3　市民＝政府（行政）パートナーシップの深化にみる自治の実相

かつての日本の地域社会には、今日のコミュニティ・センターに匹敵する「協働会館」なる施設がありました。それが今日でも存在しているところがあるようです（東京・港区）。それは地域で生活の場を共有している人たちが皆で心を合わせ、力を合わせ、そして助け合いながら地域づくりを進めていく、そのための活動拠点としての役割を担う施設であったのです。

この「協働会館」の「協働」という用語は昨今の国語辞典には見当たらない言葉ですが、しかし、現在の自治行政の現場で展開されている諸活動をみるときに、住民同士が、あるいは住民と行政が協力連携して活動している姿を表現するのにもっともふさわしい用語であると思いました。たとえば、廃棄物対策、公害対策などの環境政策をはじめ、地域興し、地域福祉、教育、文化、スポーツ・レクレーションなどのあらゆる政策分野において、今や市民同士の活動や市民と行政の協力・連携の活動なくしては有効な政策展開はうまく進まないというほど重要になってきているように見受けられます。それゆえ

「協働」は現代の自治行政を貫くキーワード的存在になってきているといっても過言ではないでしょう。

ところで、「協働」は本来、組織概念を表す用語であります。簡単に言えば、ひとりでは動かすことのできない石が道を塞いでいるとき、後からやってきた人たちと力を合わせてその石を転がし、道を通れる状態にする集団の活動をいいますが、それは組織集団的作業活動ともいうことができるのです。そのことを「協働」といい、それは複数の多様な主体が共有目標を達成するために各自の能力を最大限発揮すべく組織化された集団の活動となるからであります。

これとほぼ同義の用語として「官僚制行政組織」があります。これは一般的に、共通目標を達成するために協働する集団の活動と定義されています。

このことから「私的行政」であれ「公的行政」であれ、複数主体の協働活動であることに変わりはないと考えられます。それゆえ、この複数主体間の関係をパートナーシップと呼ぼうがコラボレーションと呼ぼうが構わないのですが、要は、自治行政が「公的行政」であり、市民の意向を反映して機能するオープンシステムをとっていることから、その活動領域には常に複数行為者の参加協力を受容する余地があるということ、そして、それを受容していけば自治行政は上手く機能していくという側面を内包している点であります。そのことから、自治行政は本来的に協働を必要としている、ということを見抜かなければなりません。

自治行政が協働を必要とする今一つの理由は、自治体の行政が主として公的サーヴィスの生産と供給の活動にある、という点であります。サーヴィスとは人と人の間における直接的ないし間接的な、ある価値を伴う行為であると定義されますが、その善し悪しはサーヴィスの生産者と消費者の関係を抜きにしては測れません。つまり、消費者の満足するサーヴィスを生産しようとすれば、生産者はその生産過程に消費者の意向を汲み入れなければならず、そこに生産者と消費者の協働が必然的に生じてくるからであります。

とくに、自治行政においては基本的に市民が納入した税金の範囲で市民が満足するサーヴィスを生産供給していかなければならず、そこでは当然のことながら、市民の理解と協力が不可欠となるのです。この点、平成四年（一九九二）、埼玉県庄和町（現春日部市）で問題になった学校給食の廃止をめぐる論争においても、結果はともかくとして、協働の一つの例でありました。

こうした協働作業の視点から、日本の地方自治体における市民と行政の関係の移り変わりを振り返ってみることも価値のある作業の一つでありましょう。その典型を少しく見ていくとしましょう。

先の協働会館のケースは、日本の地域社会では戦前からみられた住民同士の協働活動であります。こうした活動は日本における伝統的な地域社会の働きであるといえ、昭和三〇年代半ば頃までは全国各地でみられた現象です。そうした協働活動のお陰で、市町村は法令に示された基本行政を行っていけばよく、また、市民と行政の間にさしたる緊張関係もみられませんでした。

ところがその後、国が推し進めた高度経済成長政策は農村部から都市部への人口移動を中心とする、激しい都市化現象を引き起こしました。そして、人口を流出させた地域も流入させた地域も伝統的な協働環境を悪化させていくことになっていったのです。いわば、自治生活面の弱体化や人間関係面の希薄化は、かつての、近隣や地域社会が果たしていた機能を喪失させた分、その機能を行政領域にもちこんでいくことになってしまったのです。また、公害の発生や生活環境の悪化は地域住民と自治体行政の緊張関係を噴出させ、それとともに各地で住民運動を惹起させ、革新自治体を叢生させていくことにも繋がっていったのであります。

他方、高度経済成長政策は、人々の所得を向上させ、自治体の税収を増やしました。その結果、人々は高等教育を受けられやすくなり、行政は住民の要求・要望に応えていけるようになったのです。だが、そこには、いくつかの陥穽が待ち受けていました。市民側は自己本位主義に陥り、自律性を減退させ、行政への依存度を高めていく一方、行政側は住民迎合主義に陥り、行政の計画的で合理的な経営を推進できず、放漫なバラマキ行政に陥っていったのです。

しかし、第一次および第二次のオイル・ショックを契機に、日本経済が安定成長期に入り、さらには低成長期に陥って、税収が伸び悩みはじめた途端、それまでの住民の姿勢や行政の経営では立ちゆかなくなり、住民側と行政側に一大反省を促していくことになりました。

このような経緯を経て、住民側は経済成長の恩恵を受けて得た、自由時間の増大、所得の向上、専門的な知識や技術の取得などを生かしながら、社会参加活動に目を向け始め、都市化の影響を受けて喪失した、地域社会の本来的機能の回復に結びつく活動を多面的に展開しはじめたのです。たとえば、ボランティア活動、リサイクル運動、まちづくり運動、緑化運動、文化スポーツ活動、都市美化運動、廃棄物の分別収集など、多様な領域にわたる活動がそうであります。これらのなかには市民同士で活動を組織化しているものもあれば、行政を補完したり、逆に行政から補完されたりするものもあったのです。

他方、行政側はそれまで展開してきた事務事業の総点検運動や行政改革を推進して行政の合理化を図っていくほか、市民意思を尊重し、多様な専門的知識や技術力をもつ市民に対して行政への参加協力を求めはじめたのであります。

そこにいたって、市民生活の隅々にまで入り込んでいた行政活動は市民の自発的な社会参加活動領域と重なり合う面も生じ、その重複領域にどのように取り組んでいくべきかについて思惟を巡らしはじめ、その理論的および政策論的検討をしていくことになっていったのであります。

そこでは当然のことながら、市民と行政が協力・協調関係を確立していく方策の検討と、そのための基本的考え方や具体的方法論の検討が不可避となったのは必然であります。最後にその点について展望しておくとしましょう。

4 協働型自治行政の確立に向けて

市民と行政の協力・協調関係をどのように確立していくかの方策を考える場合、その基本となるのは自治の本質についてであります。その点、上述してきた通りでありますが、要は、そのことを踏まえつつ、現代都市社会の特質を生かした手法を編み出していくことであろうと考えます。つまり、現代の都市社会における市民の生活様式の特徴は、他者が提供してくれる財やサーヴィスに依存しなければ生きていけないという特質を有している点にあります。換言すれば、それは、都市社会で生活する人々の相互依存と相互補完の関係作用で貫かれている社会ということもできるからです。

そのことから、自治行政も市民と行政とが相互依存、相互補完の原理で貫かれているのではないか、そうであれば、市民か行政の一方だけで自治行政を運営していくことは最早、原理的にも実際的にも不可能になってきているのではないか、ということであります。したがって、この点を認識せずして今日の自治行政の方向を展望することはできないであろうと思うのであります。

したがって今後は、市民と行政が組織集団的作業体制をいかなる考え方と方法で構築していくかについて考究していかなければならないと思います。平たくいえば、市民と行政の両者が協働できる組織を、どのように編成し、どのような機能を持たせ、どのように運営していくか、の体制と運営方法とそのルールをデザインしていくこと（自治基本条例づくり）であろうと思います。

その場合、経済性、効率性、効果性といった、合理性を追い求める新自由主義的な効率性の追求面だけに価値をおかないで、市民の自律性が高まり、いつでも誰でも地域社会づくりに自発的に参加できるような、民主的価値に比重を置いた組織編成と機能と運営ルールをデザインしていく必要があるということであります。

重要なことはそうした非営利組織への参加者を地域の中で掘り起こし、その連携の輪を広めていくことが重要であるということです。いま、徳島、掛川、川崎、世田谷などでその実験が進められており、近い将来、その成果が全国的に広まっていくのではないかと予想されます。

これをもちまして私の講話を終わります。ご清聴有り難うございました。

【講話10】
協治社会における自治体の政策形成過程
～メタポリシー的接近による不足部分の充足方法を考える～

1　現代の自治行政をめぐる課題意識

昭和四〇年代においては、一世を風靡した感のある住民運動や住民参加がわが国の地域社会のあちこちで沸き起こっていました。平成に入りますと、そうした動きとは趣を異にした自治体の政策形成過程への住民参加が、至極当たり前のように全国各地の自治体で展開されるようになってきています。この傾向は日本における地方自治の大きな進歩と云っても言い過ぎではないでしょう。

ところで、その内実はともかくとして、自治体における政策過程への住民参加がどのような背景から芽生え、発展しつつ、定着してきたのか、たいへん興味を惹くところでありますので、その点について考えてみようと思います。

そこで、ここではまず、最近における自治体の政策過程への住民参加がいかなる要因によってもたらされてきたかを一瞥してみましょう。そのうえで、地方自治における住民参加は自治社会的要請なのか、あるいは制度的要請なのかについて考え、現行地方自治制度は自治体の政策過程への住民参加をどう位置づけているか、について考察してみます。

そして最後に、地域住民が自治体の政策形成過程に参加する場合、それには必ず、時間コストや経済コストがかかるわけですが、その場合、自治行政の本質から考えて、その参加コストをどのように捉えたらよいか、たとえば、住民参加による自治行政は合理的かつ民主的な自治体の協働経営方式であるといえるのか、それとも逆に、非効率的で時間のかかる無駄な自治体の経営方式であるのか、あるいは両者の調和を追求していくことによって民主性と経済性と効率性と効果性が担保され、地域住民と自治体行政の信頼関係が高められていく協働型自治行政システムと捉えられるのかどうか、等について考え、いわば政策効果を最大化する諸資源の最適投入ミックスを追及していくため「参加から協働へ」と捉える「新しい自治行政システム」として考えてもよいのではないか、ということについて示唆していこうと思います。

2 自治体運営への住民参加の浸透と定着

今日広くみられる自治体の政策形成過程への住民参加は、さまざまな要因が作用して伝播し浸透してきているように考えられます。そこで、ここではそれらの要因のうち、制度的側面、社会経済的側面、住民の意識や行動と価値観の変化の側面、行政姿勢の変化の側面など、多角的に取り上げ、若干の分析をしてみることにしましょう。

第一は制度的側面です。今日みられるような自治体の政策形成への住民参加を制度的に普及させる契機になりましたのは、昭和四四年に改正され、翌四五年四月から施行されました地方自治法第二条第五項によるところが大きいようです。これは改正というより新たな条項を付加したと云った方が妥当であります。

それによりますと「市町村は、その事務を処理するに当たっては、議会の議決を経てその地域における総合的かつ計画的な行政の運営を図るための基本構想を定め、これに即して行うようにしなければならない」とし、いわば制度が自治体の計画づくりを義務づけるかたちにしたのでした。換言すれば、これは、自治体が政策主体として政策を形成し、決定し、執行していくことを、上からダメ押し的に求めたものであったといってもよいでしょう。

もとより自治体という以上、それには自主・独立的な政策形成主体としての地位が憲法規定上も与えられているのですが、それにもかかわらず、中央集権的行政構造の影響を受けて自治体はこれまで、主体的に政策形成に取り組む能力を発揮できなかったのです。もちろんそれには自治体側に自治能力を発揮する様々な条件が整っていなかったという、自治基盤の脆弱性が横たわっていたことも事実でありますが……。

たとえば、自治体としての行政力や財政力の弱さをはじめ、地域住民の自治意識の低さやお上依存意識の強さがあり、その結果、自治体は中央政府への依存を、地域住民は行政への依存を強め、主体性の発揮に結びつく努力を怠ってきたのも事実であります。その意味で、この地方自治法の改正は、たとい上からの要求であったとはいえ、自治体に対して自治力強化に繋がる主体的な政策形成能力の向上と発揮を求めた点では一定の評価をしてもよいように思われます。

このことを受けて自治体側は、地域住民が直面している、あるいは抱えている諸問題の掘り起こしをはじめ、政策過程の各ステージへの住民参加の必要を自覚的に認識していくことになります。だが、行政や上級政府への依存に慣れ親しんできた地域住民や自治体行政にとって、地域住民の参加を得て自らの知恵と能力で政策をつくり主体的に取り組んでいくという経験が乏しかったために、いくら政策過程全般への住民参加が叫ばれても、当初は住民も行政も参加のあり方については手探りの状態でありました。正直に言えば、自治体が基本構想や基本計画、そして実施計画という総合計画を策定する場合、当初の頃はその基礎調査というかたちで専門のシンクタンクに丸投げをし、カラー刷りの立派な報告書を提出させましたが、結果は「絵に描いた餅」の感じが強く、ただ報告書レベルの政策を自慢していたに過ぎなかったのです。

一方、自治行政体内では当時、漸く政策立案を所掌する企画部門が行政組織として設置されはじめたばかりで、住民参加の体裁を示すために総合計画審議会なる付属機関を設置するとともに、その委員として若干の住民代表を任命して参加を装っていました。七〇年代のほぼ一〇年間の政策づくりはそのような方式の住民参加が主流であったのです。その後、時を経るにつれ、また、各自治体間の情報交流と相互伝達が密になるにつれ、参加手法も多様化・高度化し、形式的な参加から実質的な参加へと条例や規則、さらには要綱を制定しつつ参加の制度（化）を整えていったのでした。

第二の要因は社会経済的変化の側面であります。昭和三〇（一九五五）年代以降における日本の高度経済成長政策は、都市・農村間の激しい人口移動を中心とする都市化現象を引き起こし、それに伴う様々な問題を住民生活に投げかけてきました。その反面、人々の所得の向上、余暇時間の増大、そして高学歴化をもたらしながら人々の価値観を多様化させてきたのも事実であります。

このような社会経済的変化現象は、自治体の政策形成過程や執行過程に地域住民をして多様な関わり方を工夫開発させてきたのです。とくに注目すべき点は、都市化によって失われた地域社会や家庭の諸機能を、新しいかたちで取り戻していく姿でもありました。つまり、都市化は確かに核家族化を推し進め、人間関係を希薄化させるとともに、かつて家庭や地域社会が果たしていた役割機能を喪失させてきました。そして、いつの間にか他力本願の行政依存型人間を輩出させ、自らの力で処理できることさえ税金を納めているからという理由で、それは行政が処理すべきであるという意識を人々に植え付けていったのです。

しかし、都市的生活様式としての基本的な機能は、相互依存と相互補完の機能でありまして、都市社会では、他者が提供してくれる財やサーヴィスに依存しなければ生きていけないことから、他者に依存したり補完してもらったりする相互依存と相互補完の働きが都市の社会生活での必需的機能となったのです。だから、それらの機能が都市化現象によって一時的にせよ希薄化し弱体化していくならば、それらを取り戻していかなければ都市的生活様式は成り立たなくなるわけで、人々はそのことに気づきはじめると同時に、どうすればその機能回復が図れるかを模索していくことになったのであります。

その結果、徐々にではありますが、人々は自らが暮らしている社会に関わっていくようになりました。その内容としては、一つは各人が自主的な社会参加活動に目を向けはじめ、二つは他力本願や行政依存の姿勢から脱皮し、三つは他主体との協力・連携によってより良い地域社会づくりをめざし、そして四つはそのための手法を工夫開発していって、最後の五つ目は自分たちの持っている能力や資源と開発した手法を身近な生活の場で発揮し実践に移していく、という流れであったのです。そして、この流れは、自治体の政策過程に地域住民を関わらせる下地となり、いわゆる政策過程への住民参加を一般化させることに繋がっていったのでした。

第三は、第二の場合と重複する面もありますが、住民の意識や行動と価値観の変化に伴って、自治体の政策過程に地域住民が直接働きかけるようになったという点であります。かつての農村社会にみられた自治機能が都市化の影響を受けて衰退し、その衰退状況との相対的な関係において「お上意識や行政依存」が逆に強くなりました。だから、自治体の政策過程への住民関与が活発化していくとは考えられず、もっぱら行政任せの政策づくりになっていったのが自然の流れでした。しかし、住民が権利意識を次第に強め、専門的な知識や技能を高めてくると、地域社会に継起してくる諸問題の発見と解決についても多様な能力や価値観でもって意見を表明するようになってきたのです。

それらの意見や考え方や技法の中には、これまで専門的に取り組んできた行政側が発想し得なかったような、問題解決策や処理方式が示唆されていたのです。したがって、それらを政策過程に反映させていった方が応答的かつ民主的でもあり、また、経済的で効率・効果的でもあると考えられるようになり、そのことから、行政側もそれら市民の英知を参加の方法として取り込む工夫を制度化していったのでした。

こうした住民側の変化は、法令万能主義で組織縦割り主義の性格が強い行政の、画一的で固定的な機能遂行状態に多大な影響を与えていくとともに、多様で選択可能な行政へとその対応姿勢を変換させる、一つの大きな力になっていったのでした。

第四には行政姿勢の変化が挙げられます。今でも古い法令解釈によって、現実の問題解決に繋がらない論法を振り回す行政側の姿勢もみられますが、従前よりもかなり柔軟な姿勢でもって行政も住民に対応するようになってきたのです。そうした行政側の変化は住民側の変化との相対的関係でもたらされてきた結果であり、自治行政としては従前より一歩も二歩も前進した質的変化であるといえるのではないでしょうか。

都市化が激しく、地域社会に様々な問題が発生していたころ、住民側は行政に要求・要望をするだけ、行政側はそれに応えていくだけ、といった応答の住民本位主義が広がっていました。これは行政に対する住民の批難を逃れるために住民の要求・要望には何でも応えていこうとする行政姿勢の表れであったのです。しかし、そのことは一見、民主的に見えながらも、じつは行政に対する住民の甘えを増長させていくことにもなり、そうした対応はしだいに自治体経営を困難に陥らせていくことになりました。当時は革新自治体の叢生の時期でもあって、住民の声に耳を傾けていくことは民主的である、という政治的価値評価が一方にあり、それが影響していたことも否めない事実であったのです。

とはいえ、「住民迎合の自治体経営はその経営に困難をもたらす」という経験から得た教訓は、これからの自治体経営は合理的かつ計画的に推進していかなければならないということでもあったのです。

かくして、住民の声に耳を傾ける行政姿勢の変化を第一段階とすれば、計画的行政運営への変化は第二段階といえます。これを成功裡に進めていくには、自治体経営にとって必須要件となる合理的基準を工夫し、それに基づき様々のサーヴィスの水準・範囲・コストと地域に見合った法令、規則、細則、要綱などの見直し及び再検討が必要不可欠になったということであります。

それとともに住民に対しては、公共問題とはなにかについて考えを深めて自覚してもらい、ただ単に行政に依存するだけでなく、自らの力で解決処理できること、部分的に協力できること、行政と連携して処理できること、などの認識を深め、それを常に意識して行動に移してもらうことが必要になってきたのでした。

したがって、これからの自治体運営は、住民が有している能力や資源を発揮していくことで、それによる行政の能力向上を図っていけるような、そのような住民参加を通して自治行政を民主的で計画的な運営に仕向けていくことが求められるのであります。今やその方向に向かいつつある、といってもよいでしょう。

以上、自治体の政策過程への住民参加が促進されてきた要因について考察を加えてみました。もちろん、住民参加の要因はそれらに尽きるものではありませんが、要は、自治体行政が円滑に進むためにはその根底に横たわっている特質、つまり、自治行政は地域住民の自主的で自発性に富んだ理解と積極的行動に裏付けられた協力によって展開されていかなければならない、そうした点を重視して取り上げた諸要因であります。

3　現行地方自治制度における参加の位置づけ

自治体の政策過程への住民参加は、いまや全国どの自治体にとっても当たり前の状態を示しております。最近、大部分の自治体において第三次の基本構想を含む総合計画の策定作業が進められてきましたが、今日では、その策定過程への住民参加はもとより、それらに盛り込まれた施策の展開過程への参加についても至極当然のごとく住民参加が謳われるようになっているのです。

そこで、こうした自治体の政策過程への住民参加を現行地方自治制度はどのように位置づけているかを垣間見てみましょう。

いうまでもなく、日本国憲法は第八章において四箇条にわたり地方自治に関する最高規範を示し、国がつくる法律でさえ地方自治に関係する法令は「地方自治の本旨」に基づくものでなければならないと規定しております。このことは逆説的にいえば、憲法による地方自治の保障を定めているものと言ってもよく、そして、その保障の内容は常に論争点になる「地方自治の本旨とはなにか」の解釈が示すところであります。

憲法学者の通説によれば、「地方自治の本旨」とは、憲法が直接保障している「地方自治の根本原理」であるとのこと。では、その根本原理とはなにか。いまその中身について触れてみましょう。これも通説に従えば、自治体に自治権を保障する「団体自治」の原理と、住民に地方自治参加の権利を保障する「住民自治」の原理からなっていて、前者は法人格をもった自治体が国から独立した存在として自治権を行使していくことを保障するという「対外的自治の原理」を指し、後者は自治体の政治行政をできるかぎり直接に住民の意思に基づいて行うという「内部的自治のあり方を示す原理」であるとされています。とくに後者は住民の直接参政を支える原理である、といえるもので、これが充実していけば対外的自治の原理も充実・強化されていくという関係にあり、いわば団体自治と住民自治は地方自治の根本をなす車の両輪としての「二原理」を構成する、ということになるのであります。

こうした憲法上の地方自治の保障はしたがって、自治体が実際に政治行政を行っていく際でも、また、自治体に関わる法律を国が制定する場合でも十分に生かされていかなければならない、という規定でもあるのです。

然らば、現行地方自治制度は住民の参加に関してどのような位置づけをしているのでありましょうか。この点はとりわけ住民自治原理の具体化に関することでもあり、すこぶる重要な点であります。そのために現行地方自治制度は、住民が直接に自治体の政治や行政に関わることのできる、いうなれば住民の直接参政を支えるための多くの仕組みを採用しております。その意味で現行制度は自治体の政策過程への住民参加に大きな価値を与え、憲法の意を汲んで地方自治の充実・発展に比重を置いた制度にしているといえるのではないでしょうか。

そのように指摘できる典型的な例は、町村総会の規定にみることができます。地方自治法第九四条は「町村は、条例で議会を置かず選挙権を有する者の総会を設けることができる」としていて、自治体の意思決定を直接民主政の方式で行ってもよいとする途を用意しているのです。もちろんこの規定は小規模自治体を念頭においたもので一般的とは言いがたいのですが、住民参加による自治体運営の可能性を明示している点で注目してもよいと思います。

このほか、すべての自治体において住民参加を可能ならしめる規定も数多く設けています。たとえば、地方自治法では住民の直接参政権に関し、一つは条例の制定改廃請求権及び事務の監査請求権として（同法第一二条）、二つは議会の解散請求権及び主要公務員の解職請求権として（同法第一三条）規定するとともに、地方自治法第五章はわざわざ「直接請求」という一章を設け、同法第七四条から第八三条にかけて、その内容、手続き等の仕組みを詳細に示しているのです。これらの規定は住民自治の原理を制度上に具体化しているものと受け止めることができるのではないでしょうか。

だが、それらが十分に機能しているのかどうかという点では問題がないわけではありません。たとえば、ある問題解決のために既存条例の改正請求の運動が住民側から発生し、制度上の要件を満たす署名が議会に提出されたとしても、それを議会が否決してしまえば、住民自治権は水泡に帰してしまうからであります。

この点、現行制度が住民自治権をどのように保障しようとしているのかという問題が残り、更なる検討の余地も残されているといえるのではないかと思います。

今一つの、現行地方自治制度が住民参加を位置づけている規定としては「特別法の住民投票」（地方自治法第二六一―二六二条）があります。これは憲法九五条の「一つの地方公共団体のみに適用される特別法はその地方公共団体の住民の投票において過半数の同意を得なければ、国会といえどもそれを制定することはできない」という主旨に由来するものです。

この住民投票の法制をめぐっては、一九七〇年代以降、社会経済の変貌に伴って継起する様々な問題に対し、その解決処理に適切な法令が空白である場合、あるいは自治体が政策主体としてその主体性を発揮したい場合、条例で住民投票を規定し、それによって懸案の問題処理ができるようにすることはできないものか、と模索された経緯があります。

これは住民参加の地方自治という重要な価値を含んでいますけれども、しかし、条例によって住民投票を可能にし、その投票結果が自治体の主要施策を左右していくことになりますと、首長や議会に委ねられている施策の決定権限に反するのではないかという問題も生じ、簡単には住民投票を条例化することはできなかったのです。そうはいっても考え方によっては重要施策決定の参考にするために、住民の意向を反映させる方式として大いに住民投票を活用していってもよいのではないか、と考えられる面も残しているのです。

このことについては国側でも昭和五一年の第一六次地方制度調査会などで「住民投票の立法化」の審議が進められたところでありますが、それに対し、地方自治体側ではこうした住民投票をめぐっていくつかの顕著な動きも見られたのでした。

その一つは東京特別区の区長公選運動に端を発した「区長準公選制の条例化」であり、二つ目は区長準公選制の条例化の経験を踏まえて展開された東京都中野区における教育委員準公選の区民投票条例化でした。三つ目はその後、高知県窪川町における原子力発電所設置についての町民投票に関する条例が制定され(昭和五七年)、シングル・イッシューに対する住民投票の結果を尊重していく例もみられました。そして四つ目は、逗子市の池子弾薬庫跡地への米軍住宅建設問題の是非を問う住民投票(昭和六二年)も実施され、自治体としての意思決定に大きな影響を与えているのです。

これらの住民投票は、いうなれば「決定参加投票」ないしは「準決定投票」の性格をもち、イッシューの内容によっては住民自治と団体自治の双方の原理を具現化する、日本の地方自治にとっての一大実験ともいえるものでした。

このような、自治体の意思決定に大きな影響を与える住民投票の動きは、日本の場合を振り返ってみると、革新自治体の叢生期における自治体運営上の一つの手法として編み出されたものであったといえるようです。

つまり、首長が革新政党や市民などから支援を受けてその地位に就任した場合、議会では少数与党vs多数野党の関係に陥り、ことが首尾よく進まない現実に直面します。その状況から脱皮する一つの方策として考え出されたのが、主要施策の決定に住民の意向を反映させることにより、多数野党の同意を取り付けるための戦略的手法であった、ということも否めなかったのです。

だが、一度このような意思反映方法が実施され、それが成功裡に進むと、住民もその有効性を実感し、その他の施策にも住民の意思を反映させるように住民自身も働きかけていく、というようになっていくのです。

それは、換言すれば、公聴機能の充実を図りつつ、自治体の施策決定に住民の意思を直接反映させ、議会が反対しにくい状況を作り出していくとともに、さらには、住民意思と議会意思と首長意思との隔たりを解消し、決定過程における三者の相互補完や調整機能を働かせる手法の工夫とその開発を内包していたと言ってもよいでしょう。

その結果、こんにちでは住民の意思を施策決定に直接反映させていく、いわば住民の直接参政に近い手法に対し、住民も議会も行政も従前より慣れてきた、あるいはその方法を受け止める包容力が大きくなった、ということができます。

いま、全国の自治体では政策過程の形成・決定・執行・評価といった各ステージにわたり、なんらかの方式による住民参加の装置を工夫して進めるようになってきています。こうした流れをみると、現行地方自治制度もある面では、住民の政策過程への参加を積極的に支えているという立場に立っている、といえるのではないでしょうか。

4　自治体の政策過程への参加コストをめぐって

ところで、上述した自治体における政治行政への住民参加の趨勢は、住民が自治体の政治や行政を民主化し、公正化していくために重要視しなければならない側面であります。がしかし、いかなる形態の住民参加であれ、それにはなにがしかのコストが掛かるのも必然であります。昨今の政治改革をめぐる国会の議論でも「民主政治は時間とコストが掛かるものだし、したがって政治の中心的機能を担う政党の活動にも公費助成をすべきだ」という声を耳にします。

些かこれとは次元が異なりますけれども、自治体の政策過程に地域住民が関わっていく場合も、やはり政党の政治活動と同じように、住民も時間、コスト、労力、知識、技能といった、政治活動のために諸資源を投入していることを忘却してはならないのです。この点、地域社会における自分たちの生活を良くしていきたいがための自発的行為であるから、そんな堅苦しいことまで言わなくてもよいではないか、との意見も聞きますが、その点、政党活動だって同じではないでしょうか。

そうした主張なり意見は、制度的に仕組まれている自治体の為政者（首長や議会議員）が無駄なく、有効に働き、一定の時間とコストでもって政策が形成・決定・執行されていると信じ、また、住民の政策過程への参加も制度上の政治的補完機能として諸資源を投入することは当然であると捉え、制度上の政治的アクターだけで首尾よく果たされていくことを前提にした議論のように思えるのです。

これは制度に期待されていることを正機能論的に捉えた見方でありますが、反対に、制度に期待されているとおりには首尾よく運ばないとか、住民自治の側面が欠落しているといった逆機能論的な側面の捉え方にも配慮すべき点があるのではないかと思います。なぜなら、実際の自治体運営ではそういう逆機能現象が日常的に生じているわけであり、それを正しく機能させるために一般住民がそれに要する時間やコストや労力などを投資しているわけであって、それは看過してはならない政治的資源の投入でもあるからであります。

5　自治行政の新しい理論枠組みを展望する

自治体の政策過程は、当該地域社会に継起してくる問題や潜在化している問題を適正に掘り起こし、それらが現在及び将来の住民生活にどのような問題を投げかけていくか、あるいは投げかけているか、を可能な限り正確に把握していくことからはじまります。続いて、それらの問題を多角的に分析し、問題の規模や性質、重要性や緊急性、住民の解決要求度の強弱やそれに必要な対応資源量などを勘案し、政策課題としての優先順位づけを行っていくのです。そのうえで、住民の多様な価値観を反映するかたちでの政策を決定していかなければならないのであります。

さらに決定された政策は合理的な体制、手順、手段、方法、資源配分、期間、基準、根拠法令などに基づいて執行され、住民生活にとって最大の便益と効用を与えていくものでなければならないのです。

このように政策過程には、それに関わる制度的関与者だけでなく、非制度的関与者としての住民もなんらかのかたちで関われる余地があるのです。そうだとすれば住民の関与を有効に活かしていく方が政策のアウトプットに対する住民の有効感は増していくに違いありません。つまり、インプットに対するアウトプットの比が住民の関与によって限りなく一に近づくことになるということです。いま仮に、住民の関与がなく一定の時間とコストで政策が実行されたとします。その場合のインプットとアウトプットの比が一をかなり下回ってしまうならば、その政策は住民にとって効果のない無駄なものになってしまうとも考えられるのです。

このように考えると、制度的関与者だけでなく非制度的関与者も政策過程全般に関わり、たとえ、住民参加による政策形成で一定の時間やコストを若干上回る結果になったとしても、住民の理解と協力が得られ、その結果、応答性、能率性、効果性が確保されるならば、住民の政策過程への参加という資源投入（コストを含んだ）は生きたものとなるでしょう。

このような場合、長い目で見たときには、参加に伴うコスト・オーバーは政策効果によって住民に容認されるに違いないと思われるのです。こうした自治体の政策過程への住民参加は住民と行政の協力連携を意味するものであり、制度的関与者と非制度的関与者の協働型の政策過程と云うことができます。

この協働型の政策過程は従前の制度的関与者だけによる政策よりも政策効果は大きく、住民の満足度も高くなるばかりか、民主性と経済性と効率性と効果性のバランスがとれて、住民と行政の信頼関係も強まり、住民自治と団体自治の「二原理」に立脚した、真の地方自治の姿になっていくのではなかろうかと思われるのであります。これが協治社会における自治行政理論の新たな枠組みともいえるもので、これからの自治行政が進むべき方向を示すものということができましょう。

ご清聴有り難うございました。皆さんのご活躍を祈念しております。

【講話11】

協働のまちづくりにみる自治の原点

〜協治の世界にみる自治行政の姿〜

1　はじめに言葉ありき

本日の講演テーマには、三つのキーワードがあります。ひとつは「協働」であり、いまひとつは「自治」であります。「協働」は、ある目標を達成していくための手段たる「組織的集団作業体制」のことであり、「自治」は、自らの行動を自らの意思で律していく「自己統治様式」のことであります。そして、これら二つの用語を足し合わせたものが三つ目の「協治」になるのです。

なにやら出だしから硬い話になってしまいましたが、ここでは本日の講演内容の基礎となっているキーワードを拾い上げ、その意味を押さえておくことが話の出発点としては大切であろうと思い、取り上げた次第です。

この三つの言葉、「協働」と「自治」と「協治」は、地域住民が日常生活を円滑に過ごしていくために工夫開発してきた、生活の場の統治行動様式にかかわる用語のことで、地域自治を説明していくうえでの重要な用語であります。だから、その意味を正しく理解しておくことが大切かつ先決である、と考えて提示した次第であります。

そのような理由から、日本における地域社会の自己統治活動を観察し分析していきますと、地域住民相互の協力・連携活動が暮らしの中でどのように展開されているのか、いかなる形態の相互依存や相互補完が展開されているのかの姿が浮かんでまいります。換言すれば、地域住民同士の日常生活における関係作用が社会的な実践活動として展開され、それが地域の統治活動とも結びついていると考えられるからであります。くわえて、そうした活動の分析は日本の地域社会における自治文化の掘り起こし作業ともなり、また、その内容が地域の統治活動と関連することの確認作業ともなるからであります。

2　日本における自治文化はどのように創生されてきたか？

それでは今から、日本における地域の自治文化がいかなる必要からどのような方法で創出されてきたかを観察していくとしましょう。

まず、日本における地域の自治文化というものは地域住民の日常生活にみられる相互依存・相互補完の関係作用の結果から生み出されたものであると考えることができます。すなわち、そうした関係作用は地域で生活する人々が誰でも共有できる普遍的な価値認識ともなっているからであります。

例示的に申しますと、日本の農村社会では里山の尾根伝いに農業用水路を敷設し、高いところから低いところの水田へ水を落としていく方法で米づくりを行ってきました。そのため、その水路の維持管理をはじめとするインフラ整備作業は、その農村集落の人々が仲良く暮らしていくための不可避的な相互依存・相互補完の活動として展開されてきたのです。つまり、自然の恩恵に依存する農村地域で生活していくためには、皆で心を合わせ、力を合わせ、互いに助け合いながら自然と共生していくための共同作業が必要であった、ということであります。

そのことをここでは、少々硬い表現になりますが、地域社会における住民たちの「社会的実践活動」と呼び、それに包摂されている相互依存・相互補完の関係作用を、そこで生きていくためには、なにものにも代えがたい活動という意味で「社会的実践原理」と呼ぶことにしました。そして、その原理には「自治」と「協働」の自律的な営みとそれらが互いに作用しあって地域社会を治めていくという意味合いでの「協治」概念も内包されていると認識した次第です。それが今日の「まちづくり」や「地域づくり」の実践のなかでも観察されますので、それを分析してみようと思った次第であります。

今や「地域自治活動」は、全国各地において多様なかたちで展開されております。しかもそれは住民たちが地域生活を営んでいくうえでの、不可避の社会的実践活動ともなっているのです。そうした社会的実践活動は、日本人が多年にわたって築いてきた「自治」と「協働」の働きを中心とする、社会生活上、必要不可欠な相互依存・相互補完の関係作用としての協治活動でもあったのです。それを日本の地域社会における自治文化創出の基盤となる活動、と捉えたわけであります。

ここでは、その地域自治活動現象を「多様な自治の担い手としての地域住民による活動」と表現し、それにはどういった性質の主体が、どんな目的を掲げてどのような自治活動を展開しているのか、そして、それにはどんな社会的意義があるのかについて、つぎに議論していくとしましょう。

要すれば、地域住民による自治文化がどのように創出されてきたかを通じて「自治の原点」をみていきたい、これが本講話の主眼でもあるのですが、それに加えて、その文化の構成要素でもある「多様化する自治の担い手」の台頭とはどういうことかについても簡単に触れていこうと思います。

さて、私たちが暮らしている地域社会には様々な個人がいて、それらからなる集団や団体などもあります。それら個人や団体などの多様な主体から地域社会は構成されているのです。私たちはそのような主体からなる「総合的な構成体」を「地域社会」と呼び、それを「世間」と言ったり「世の中」と言ったりしているのです。

では、その世間や世の中は誰がどのように運営しているのでしょうか。おそらく、地域社会を構成している様々な主体がその運営に関わっているに違いありません。自分一人の場合か、あるいは単一の主体による自治運営の場合であれば、自己の意思で自己の行動を治めていく、いわば自己統治＝自己支配の自治ということができますが、けれども、地域や集団や団体の自治ということになりますと、その自己統治＝自己支配というのは、どのように考えたらいいでしょうか。これは簡単なようですが易しい問題ではないようです。

そこで先ず、地域社会における自治の担い手はどのように台頭し、どんな活動を展開しているのか、改めて考えてみるとしましょう。

3 「単一主体」による自治と「複合主体」による自治について

皆さんはこの、二主体以上（複合主体）からなる集団や団体や地域社会は誰がどのような方法でなんのために自己統治（自己支配）しているのか、ということを考えられたことがありますか。ふつう、市井の人々はそのようなことをあまり考えたりしませんが、ここではちょっと考えてもらいましょう。

では、地域社会を自己統治しているのは誰でしょうか？　国会議員でしょうか、都道府県議会議員ですか、市町村議会議員ですか、それとも内閣総理大臣ですか、知事や市町村長ですか、あるいは、私たち（あなたも含めて）でしょうか。そうでなければ、お役所ですか、それともそれらとは全く関係のない組織や集団の長になっている人たちでしょうか。たとえば、農業協同組合長、ＰＴＡ会長、婦人会長、文化・スポーツ団体の長、自治会長や町内会長、ボランティアやＮＰＯの活動をやっている代表の人たちでしょうか？「多様化する自治の担い手」を鳥瞰しますと、どうやら、それらすべてが関わっている感じがしますが、いかがでしょうか。

現在、日本国憲法の下では、世間とか世の中とか地域社会とかを治めていく役割を担っているのは「どんなに偉い人」でもなく、「主権在民」であるところの、他ならぬ「私たち自身」である、ということになっています。つまり、自分たちが住んでいる地域社会は自分たちの知恵や技能、資源や時間、労力や経済力で自己統治＝自己支配していくことを、憲法が認めているということです。そうであれば、自治の、主体と範囲と内容を観察し分析し、その中身がどのようであるか、その具体を明らかにしていくことが必要となるでしょう。

すなわち、地域社会における自治（自己統治＝自己支配）の具体的な主体については個人レベル、家庭レベル、近隣住区レベル、町内会や自治会レベル、小学校区レベル、中学校区レベル、地域社会レベルというように、地域空間的広がりを表す「地理的空間概念」に基づいて考える場合と、ＰＴＡ・婦人会・老人会・農業協同組合・商工会・地域医師会というような職能的・目的的集合体としての働きを表す「目的的機能概念」に基づく場合とがあるようです。

自己統治＝自己支配の基礎概念としては、自律（立）性が根底にあって、自分で考え、自分の意思で行動し、その行動結果には自分が責任をもつ、ということが前提になっています。この考えが一個人の場合の説明であれば何も問題はないのですが、それが二人以上の、複数の、多主体からなる集団や団体や地域社会の場合になりますと、その自治を説明することは難しくなります。つまり、そこでは意思をもった複数の主体同士がどのように意思を統合させて一つの自治主体となっていくのか、そしてそのうえで自己統治＝自己支配していくのか、ということが問題になり、しかもそのことを、筋道を立てて誰でも理解できるように説明しなければなりませんので、そのことが難しいのです。

そこではただ端に、個人の自治を説明することをもって集団や団体などの自治の説明にも適用して類推させる、「敷衍の論理」を持ち出すだけで事足りるとするのではなく、多主体による自己統治＝自己支配がどのような論理構成で説明できるかを明らかにしていく必要があると、私は考えるのです。

自分だけではなく他者がいて、他者と一緒になって自己統治＝自己支配していく場合を考えると、おそらく、様々な自己統治＝自己支配の仕方を考えていかなければならないでしょう。これこそが『多様化する自治の担い手』の台頭を説明していく第一歩になると考えるのです。

そのように考えて、「多様化する自治の担い手」が現実の社会ではどのような理由から台頭してくるのかを見ていくとします。

4　地域自治の多様な担い手の台頭とその自治の様相

(1)　地域の自然地理的空間の特性と自治活動との関係

現実の社会にはその社会を構成し、その運営に参加している多様な主体が存在する、ということを述べてきました。それらが適宜に協力・連携し、相互に補完機能を発揮しながら社会の舵取りを行っているのです。だから、その運営主体の起点になっているのは私たち一人一人ということになります。

そういうことで、地域社会の自治とか自己統治＝自己支配とかを考える場合、その出発点は地域社会の構成員たる一人ひとりの生活者としての個人から、ということになります。だから、各個人が自主自律性を身につけ、そうした個人が複数集まって自治を営む主体を形成していく場合、先述したように二つの側面から捉える必要があります。その一つは地理的広がりを示す空間概念の要素からなる主体の側面であり、いま一つはある目的を達成していくための役割を果たす目的的機能概念の要素からなる主体としての側面からであります。

現実の地域社会では、この、二つの要素は混在したかたちで主体を形成している場合が多いようです。ほんらいは地理的空間的要素をもつ主体と目的的機能的要素をもつ主体は別々の主体です。しかし実際は、人々が暮らしている地域という空間が自治する範囲を規定する主要因となり、その空間のなかでの様々な自治活動（福祉や環境や経済やコモンズなど）を展開する、つまり、各目的的機能主体が担うという関係にあるのです。だから、地域社会では一つの主体が自治する範囲を規定し、他の多様な主体がその範囲内の必要に応じて様々な自治活動をおこなうというように、両者は重層的な関係にあって地域社会の自治を営んでいる、と説明できるのです。

そのことはたとえば、ある地域の住民たちが自治する範囲を定め、他の主体がその範囲内での様々な活動を展開していくとしますと、それらの主体が重層的に活動を展開することにより当該地域社会を活力ある社会にしていくということになります。このような構図を描いた場合、それをどのように具現化していくか、つまり、どのような方法で意思決定し、どのようにその決定を実現していくか、という実際の流れを分析していかなければなりません。そうすると、多様な主体がどのような関わり方をしているか一目瞭然となります。様々な主体が重層的に作用しあうのは、活力ある地域社会を各主体が期待するからであり、そのためには各主体が有している諸資源を互いに出し合う方が満足のゆく成果を上げられるからである、と考えられます。

どのような地域社会をデザインするかは、その社会を構成している個々人、集団、団体などの意識や考え方によります。そして、それらを取りまとめ、具体化し実現していく方法、手段等については、個人レベルから出発して、各種団体や集団レベル、町内会や自治会レベル、そして地域社会レベル等の叡智と技法と諸資源を投入していく方が多くの主体の充足感が得られるのです。そのことは地域社会の自治運営が各主体の重層的活動によることを示しているのです。

また、地域社会には、自然地理的諸条件を反映した自然資源と、それらを暮らしに結びつけている人為的な経済的資源、文化的資源、技術的資源などが存在しております。そうした中で人々は、地域社会における生活の営みを通してその地域独特の人間関係を育むと同時に、生活の知恵を発揮しながらその結晶としての地域生活習慣を創出していきます。それが地域社会の個性とか、独自性とか、特徴とかいわれる「地域特性」を生み出し、それを日常生活に反映させているのです。

一般には、そのことが地域特性とか地域の独自性とかと呼ばれていて、それが地域社会における自己統治＝自己支配という面にも反映されているのです。例えば、そこでは、どのような地域社会にしたいのか、それをどのように実現していきたいのか、そのために地域社会の構成者である一人ひとりはどのような役割を果たしていかなければならないのか、さらに他者との相互の協力関係をどのように確立していったらよいのか、といったことにも地域の個性が投影されていくのです。

では、地域の個性とか独自性と呼ばれる『地域性』は何によってどのように形づくられるものなのでしょうか。それには先に述べましたような自然地理的条件、それとの関わりにおける人々の暮らし方をはじめ、社会生活をしていく上で編み出してきた人々の叡智や技能の発揮と、助け合いや協力・連携という相互補完の仕方などが考えられ、それらによって『地域性』は創られていくようです。たとえば、地域で暮らしている人たちが心を合わせ、力や知恵を出し合い、互いに助け合いながら「地域社会のあるべき姿」を目標として設定し、それを皆で達成していこうとするとき、その相互補完の関係作用が働く中には『地域性』を発揮する様々な知恵や技能といった要素が働いているということであります。

具体的にはその地域の山や川や気候条件をはじめ、そこで暮らしてきた先人たちの遺産文化たる叡智や技法が重要な要素になり、それらが一定の方向性と体系性をもって働くとき、その地域の『地域性』は形づくられていくのです。そして自治環境の構成要素のなかに地域の自然的要素や人為的要素とその『地域性』を取り込み、それらを媒介にして自治力を発揮していくことになるのです。

（2）地域における相互依存・相互補完機能と自治機能の変化

日本はいま、先進工業国家とよばれています。だが、国土面積の七〇％近くは中山間地域でありまして、昔から農業国家としての特質を有してきました。現在もその面積的割合に大きな変化はありませんが、日本社会の質的変化には目を見張るものがあります。それを知るもっとも端的な手懸かりとしては人口動態とその分布状況があります。

現在、わが国総人口の七〇％以上は都市部に集住しております。そのことが日本を「先進工業国家」と云わせているようです。けれども少しだけ歴史を遡ってみますと、昭和三〇（一九九五）年ごろまでは都市部人口より農村部（郡部）人口の方が多かったのです。ですから現在でも、日本社会には伝統的に農業社会の特質がその根底に横たわっていると考えられます。

問題は、なにゆえに農村部から都市部へ人口が移動していったのか、そして、それにより日本の地域社会は自治力を含め、どのように変わったのかということです。とくに農村部から都市部への人口移動により、人口を流出させた農村部地域も人口を流入させた都市部地域も、ともに地域社会としては大きな変化に見舞われました。たとえば、そうした人口流出入のために両地域における地域自治は住民の地域に対する愛着心を薄れさせ、それにより自治の衰退を余儀なくされてきたということができます。ここでは地域自治の変化がどのように引き起こされてきたのかをさらに見ていくとします。

①農村部地域の人口流出と自治の変容

第一は人口移動が地域自治に与えた影響です。まず農村地域からみていきます。一般に、農村社会における人間関係は農業それ自体が自然地理的、気候的条件に左右されるところが大きいために、人々はお互いに寄り添い助け合って農業を営む傾向が強く、そのために地域の人々の人間関係も濃密でありました。つまり、一定の地理的空間の中での農業生活を通じて、人々は互いに知恵を、力を、能力を、技法を出し合い、生きていくために必要な資源の掘り起こしとその維持管理のための組織的集団作業体制をつくり、互いに補完しあいながら地域社会を自主自律的に運営していく術を身につけてきたということです。

いわゆる地域自治の基盤は、地域住民が当該地域で生きていくために基本的に必要な要件としての濃密な人間関係を醸成しつつ、自然と共生しながら自主自律的に地域運営を行っていく、その営み過程の中から地域の自治基盤は形成されてきた、と考えられます。そうした社会は変化や発展に乏しいけれども安定性があり、人々の地域への愛着心を強めていく、という特質を育んできたのでした。これが一定地域に集住している人々の「自治の原点」になっているものと考えられます。

ですが、この自治の原点となる働きが人口移動という現象に見舞われ脆弱化していくのです。そのポイントをいくつか取り上げて見ていきましょう。

たとえば、地域自治の基盤は、

一つは、当該地域で暮らしている人々が互いに知恵を出し合い、協力し合う人間関係を創り出していくことにあり、

二つは、地域に対する愛着心と住民の共属意識を育てていくことにあり、

三つは、人々が地域での共有目標を設定し、それをみんなで力を合わせ、労力を出し合い、生活技法を発揮して達成していくことにあり、

四つは、そのための体制として組織的集団作業の体制と仕組みをつくっていくことにあり、

五つは、組織的集団作業体制を作動させていく為に必要な役割分担やコスト負担などのルール化をしていくことにあり、

などに見ることができます。

これらはすべて、地域住民相互間に補完性原理が働いている自治的営みということができます。しか

しそれには、ある程度の地域における居住期間と地域の歴史・文化の創造と、自然と共生していくために必要な地域の自然地理的特性についての知識や理解とが必要不可欠であるということです。

ところが人口移動という現象は、そうした地域自治の基盤的諸要素に大きなマイナスの影響を与えていくことになりました。そして、総じて地域の自治力を弱体化させていくことになったのです。この人口移動に伴う地域自治力の弱体化をここでは「地域における自治力の（衰退）変容」といっておきましょう。

そこでつぎには、その自治的変容の内容を、人口移動に見舞われた農村部、都市部の変容状況からみていきましょう。

人々が一定の地域空間に長く住み続ける場合と、人口の流出入が盛んで居住期間が短い場合とでは、地域自治の実際においてどんな違いがどのような形で現れるでしょうか。それを農村部と都市部の社会で見ていきましょう。

まず、人口を流出させた農村部の地域社会における自治的変容をみてみます。農業を生業とする農村社会は自然との共生を図るべく地域における人間関係環境を造り上げ、その社会を維持管理していくための役割分担やコスト負担を自主自立的に決定しつつ、当該地域社会を運営していくための自治組織的環境をつくりあげてきました。

そういう社会的な実践体験を通じて人々は「一人では不可能なことも多くの人々が力を出し合わせていけば可能になる」ということを身につけてきたのです。農業用水路や農業用道路の維持管理をはじめ、農村集落の維持管理や農作業への共同取り組み、祭事や冠婚葬祭など、その地で暮らしていく為に必要な事柄を互いに役割分担しあい協力しあいながら維持管理していく、いわば典型的な農村自治の原点に沿った知恵と技法に基づく暮らし方を身につけてきたのでした。

そこでは、人々は互いに顔見知りであり、それぞれの事情にあった役割を果たし合いながら地域づくりに勤しんできたのです。そのことから人々の心の中に「地域に対する愛着感と共属意識」ないし「ふる里を大切にする気持ち」を育ててきました。

しかし、時代の進展とともに産業も一次から二次へ、二次から三次へと政策的に推進されて高次化し、人々の価値観もそれにつれて変化していきます。つまり、農村社会は安定しているが進歩発展に乏しく、その活性化を図ろうにも直ぐに限界が現れて上手くいかなくなる、その結果、高次の産業地域へ移動していくようになったのです。

そのようなことから農村部の人々は産業の高次化（最近の六次産業化とは違う）に合わせて都市部へ移動していくようになったのです。その牽引車的役割を、国を挙げての高度経済成長政策が果たしていったのはいうまでもありませんでした。

農村部から都市部への人口大移動はこのような背景の下、とくに若い人たちが就業や進学の機会を求めて都市部へ流出していく一方、農家の主人たちも所得を求めて都市部へ出稼ぎに出る傾向が顕著になっていったのであります。

したがって農村部には、高齢者である「ヂーちゃん、バーちゃん」と、出稼ぎ主人の奥さんである「カーちゃん」が農業を担う（いわゆる三ちゃん農業）ばかりでなく、農村社会の地域自治をも担っていくことになったのでした。そこでは互いに助け合っていかなければ暮らしていけないため、「補完性原理」が強く働く「暮らしと自治」の営みになっていったのでした。それはある面では自治が強く働くものの、地域総体としては人口減少をはじめとする自治の担い手不足に見舞われ、結果として地域の自治力は総体的に弱くなっていったのです。

②都市部地域への人口流入と自治の変容

第二は、都市部の地域自治の状況についてであります。短い期間に多くの人口が流入する都市部の地域社会ではどんな変化が起きたでしょうか。その典型的な様子を多摩ニュータウンにみてみます。

多摩ニュータウンは全国各地から就学・就業の機会を求めて東京にやって来る人々に対し、一定の良質の住宅を提供するためと都市部の住宅不足を解消するために、一九六〇年代の後半、住宅都市として計画化されたニュータウンづくりでした。当初の構想では人口規模四〇万以上で、多摩丘陵一帯の多摩町、稲城町、町田市、八王子市、の二市二町にまたがる広大なニュータウンづくりとして出発したのです。このニュータウンの中心地は多摩町で、計画時の在来人口は一万三千人程度でした。そこへ五階建の賃貸集合住宅を中心とする、いわゆる団地が建設されていったのです。これは、英国の自己完結型都市をめざした「ニュータウンづくり」とは大きく異なる「団地づくり」でした。

一九七〇年代に入り人々の住宅観も変わりはじめ、それに合わせるようにニュータウンづくりも賃貸から分譲へ、間取りも広くした中層から高層へ、住区単位の社会資本の整備充実へ、戸建志向増加に対応した一戸建て住宅建設へ、と云った具合にニュータウン建設計画も変更されていきました。

その結果、当然のことながら計画人口も縮小され、現在では、人口三〇万人程度になっております。

一九七一年の初入居以来、間もなく半世紀を迎えようとしております。そのことからも分かりますように、初期の入居者は、いまでは現役をリタイアし、シニア・シティズンになっております。団地も古くなって新たな入居者も少なくなり、ゴーストタウン的様相を呈している団地内地域も生じ、それを受けて建て替えを余儀なくされているところもみられるようになってきました。

流入人口が在来人口の十数倍になっております現在の多摩市（村↓町↓市に昇格）の場合、新来住民はほぼ全国の市町村から流入してきておりました。ここで生活した経験から申しますと、農村の地域社会とは異なり、お隣の人はどなたか全く知らない者同士が集合住宅に移住し、僅か三〜四メートルぐらいしか離れていないところに隣の玄関があるのですが、それも鉄扉で遮断された部屋で互いに暮らし、また、一住区が百ないし二百戸程度からなっているところの複数住区の街を形成しながら暮らしているわけであります。出自も育ってきた地域の文化背景も全く異なる人たちが、一定地域に集住し、そこで自治生活を営んでいかなければならない、これがニュータウン自治生活のスタートでした。

全国各地から見知らぬ者同士がニュータウンに寄り集まり、どうやって自治を営んでいくのか、大変興味ある問題でもあります。

要は、見知らぬ者同士が見知らぬ土地に集住し、これからどうやって自治的生活を営んでいくかというとき、そこでは最初から自分たちで意見を出し合い、自治を構想し、それを実践に結びつける工夫をしていかなければならなかった、ということです。そして、その実践を通して自治していくことを身につけ、その充実・強化に繋げていかなければならなかったのです。つまり、自治的営みゼロ状態からの出発になるわけで、その意味では人口を受け入れた地域における自治は新天地における自治実験のスタートでもあったのでした。

ニュータウンにおける自治生活の展開はつぎの三段階にわけてみることができます。その様子を簡単にみてみましょう。

第一段階は、団地の集合住宅に移住し、同じ住区の隣人と挨拶が交わせるようになるには約三年を必要としたということです。ニュータウンでは住区単位の住宅管理組合を結成し、住区内清掃をはじめ、管理組合総会の開催、あてがわれた規約の見直し、運営役員の選出、意思決定方法の確立、住区内住民の親睦を図る行事の計画策定と実施、行政をはじめとする外部機関との折衝などを行っていきますが、互いに慣れ親しむまではかなりの時間を要するのです。これは当時の、「団地内の住民意識と自治活動の調査」から得られた結果であります。

第二段階は、住区内住民が顔見知りになり、勤め帰りに最寄りの駅で一緒になったとき、一献傾け合うような関係になるには更に2年ほどを要したということです。ニュータウン移住者は相対的に高学歴層が多く、比較的に同年代でもあります。それゆえ関心事も価値観も趣味も類似しているようで、なにかのキッカケで意思疎通ができるようになれば、職域型人間から住区型人間に変わる可能性をもっているのです。問題はそのきっかけづくりでした。

私の経験では住区内の草むしり活動がキッカケでした。約百世帯からなる住区でしたが、梅雨時期から夏場にかけての住区内はアッという間に雑草が生い茂り、最低でも月二回は草むしりが必要であったのです。子供たちも含めて全員で草むしり作業に取り組むことを決めて互いに知り合いになる、草むしり懇親会をやる、そういったことを通じて互いに会話を弾ませていく、といった工夫やシカケを考えて実施し、それらを通して住区内住民の懇親を深めていったということです。

第三段階は、更に二〜三年かけて街の自治活動に結びつく展開へと発展させていったことです。ニュータウン界隈には四年制の大学が一九校もあり、大学で働く人たちも多く居住しています。そればかりではなく、司法・マスコミ・税務会計・行政の各領域で働く居住者や音楽・スポーツなどの専門の業務に従事している人たちも居住していました。これらは住民自治にとっても自治行政にとっても地域の諸活動の資源にもなる「宝もの」でした。

たとえば、市が総合計画策定に伴い、住区協議会を通じて住民の意見を吸い上げ、計画に反映させていくといった住民参加方式を採用したとき、一見、かなり進んだやり方であると思われました。しかし、居住者は都心への通勤者が多く、朝早く出勤し、帰りも遅くなる人たちにとっては昼間やウィークデーにおける参加方式には無理があります。そこで居住者たちは、週末の夜間に二、三の住区単位が集まり、テーマごと意見交換できる方式に切り換えないと真の住民参加には結びつかないのではないかと主張したのでした。そして、そのためには夜間に開催すること、行政の案ではなく住民の意見交換から提案された案を行政はまとめていくこと、日常の住民生活で掘り起こされた問題の解決策のうち、住民自身で可能なこと、行政と協力連携して可能なことの仕分けを行うこと、時間をかけて「ニュータウン生活の専門家」たる住民の意見を参考にすること、などを求めたのです。行政はそうした住民の主張・意見を取り入れ、可能な限り実質的な住民参加方式へと結びつけていきました。これにも二年ほどの時間を要したのでした。

こうした行政との関係を住民主導型で確立していったのは、やはり住民の生活者としての専門性発揮によるところが大きかったようです。たとえば、住民主導によって展開された「夏の野外コンサート」

開催は、ある住区内の数名のボランティアの働きからスタートし、日本でも有数の楽団や音楽家の誘致に成功しました。いまでは毎年、数千人の観客を呼び込む一大コンサートになってきております。入場料は無料ですが一人一人の気持ちの寄付行為によって運営されており、まさに住民主導型の自主自律的なイベントとなっているのです。

要は、ニュータウン住民のなかに様々な専門性を有する人材が居住しており、彼らが地域の文化興し活動や自治活動の推進役を果たしてくれたからでありました。この点、新興地域ならではの地域特性が発揮された自治活動といえるのではないでしょうか。

以上のように、ニュータウンという新天地に移り住んだ人たちがその地域での自治生活を営むことができるようになるには最低でも七～八年の歳月を要しているのです。このことから、人口移動が地域の自治生活にどれだけマイナスの影響を与えてきたか、ということがわかるのではないでしょうか。

5　時代の変化と自治の担い手

人口の流出入と地域自治の変化について観察・分析を試みてきました。それによると地域自治は時代の変化に弱いけれども全く機能しなくなったわけではなく、人が居住している所ではどこでも自治生活は粘り強く生き続け、新天地では新たなかたちでの地域自治を創出する姿もみられたのです。

その典型は、多様な主体がそれぞれに自治の原点に立ち、一定の空間概念の自治と目的的機能概念の自治とを重層化させ、いわゆる地域全体の自治の充実強化に結びつくような活動へと伸展させていく姿に見られました。つまり、多主体間での「協力・連携のしくみづくりやルールづくり」を進め、それらを作動させたり、また、多主体間での相互補完システム（協働システム）を構想して作動させたりしながら、時代の変化に対応する自治（自己統治＝自己支配）のシステムを創出してきたのであります。

では次に、そのシステム創出の様相を俯瞰してみましょう。時代の移り変わりや人々の価値観の多様化によって、また、人口移動に伴う都市化によって、コミュニティが崩壊した、中山間地域の集落が消滅の危機に瀕しているなど、地域社会を支える人の力と資源と絆が弱くなった、と研究者もマスコミも騒ぎ立てております。はたしてそうでしょうか？　そうした「煽りの文化装置」が放つ「言い分」に私は全面的には同調できないのです。

先に触れましたように、かつて「三ちゃん」農業に陥った中山間地域の過疎地帯や限界集落と呼ばれるところでさえ営々と人々が自治生活を続けているのは何故でしょうか、また、情報技術の進展によって直接的な人と人との絆が失われコミュニティが崩壊していると云われる現代都市社会でも時代の変化に沿った自治生活を創出しているのは何故でしょうか。この点、いま一度考え直してみる余地がありそうです。

ただ「消滅」という刺激的な言葉で煽るのではなく、逆に、こんにちの農村や都市における自治生活の実際を多角的に観察し、現代の農村や都市のコミュニティでも、なぜ、自治生活を営み続けているのかということについて、その考え方や方法、手段、目的、効用などを分析・紹介していく方が、地域社会の将来にとってはよほど建設的ではないかと思うのです。

その意味で、つぎには、時代の移り変わり、技術革新、価値観の変化などに見合う自治システムの有り様を、農村や都市におけるコミュニティ自治を通してみていくことにしましょう。

（1） 中山間地の地域興しにみる自治

最初に、四国で一番小さな町といわれる徳島県上勝町の自治的営みをみていきましょう。上勝町は町域面積の八五％が山林であり、残り一五％のほとんどは急傾斜地、耕作面積は一・五％、海抜一〇〇～七〇〇メートルの典型的な山間地です。人口は二〇〇〇人足らずの過疎化と高齢化に見舞われている町で、昨今の「煽る言葉」でいえば、「消滅自治体」の対象になるところです。この町が一躍有名になりましたのは、時代が「昭和」から「平成」に移ろうとするころでありました。

ちょうどその頃、バブル経済が弾けはじめ、人々の思いはモノより心を大切にする価値志向へと変わりはじめていたのです。たとえば、自然に逆らう開発を進めるのではなく自然との共生生活の方向を重視する、また、都市部への就業や進学の機会を求めて移動するだけではなく、I・J・Uターンという言葉で表現されるように、人間らしくスローライフを楽しみたいという方向を選択する、そういう価値転換の考えです。くわえて、大都市部から地方・農村部へ移動する、いわばこれまでとは逆転した発想による人口の移動を惹起させる方策も僅かながら各地で見られるようになってきたのでした。

それは、熾烈な競争社会のなかで人間らしく生きるとはどういうことかについて思いを致す人たちが、当事者としてその思いを実践行動に踏み出すようになったからです。それに対し、その受け皿としての自然豊かな農村地域の自治体がそうした動きを地域興し政策とリンクさせるようになってきたからでもあります。この動きは全国各地にみられるようになり、徳島県上勝町もその例外ではありませんでした。

こうした時代の思潮は農村部から都市部への激しい人口移動を落ち着かせるとともに、僅かではありますが、それは逆に都市部から農村部へと人口を逆流させる役割も担っていくことになったのです。

徳島県上勝町が全国的に名を馳せたのはこのようなときでありました。林業による木材生産とミカン栽培を伝統として受け継いできたこの地は、二度にわたる大寒波と貿易自由化による輸入木材と輸入オレンジに押されて、衰退の一途を辿りつつ、人々の生活を窮地に追い込む状況にあったのです。高齢化率が五〇％近くに達し、急峻な地形の山地でいったい何ができるか、ふつうに考えれば、この二つの要因、つまり、山地であることと高齢化率の高さは、地域興しにとってはマイナスの要因でしかなかったのですが……。

しかし、このマイナスをプラスに、と考える人が現れました。時代の移り変わりや人々の価値観の変化といった点から考えると、上勝町の高齢者人口が多いという資源も、急峻な山間であるという資源も、地域興しにとってはプラスに作用する要因になると考えた人が現れたのです。その人こそ徳島県農業大学校を出たばかりの、若い、横石知二という人でした。

彼が追求したことは、上勝町は海抜一〇〇～七〇〇メートルの標高差を有する山間にあること、それを反映した様々な樹木や草木が生い茂っていることで、これを現代社会の求めに応じて価値ある資源となすことはできないか、ということでした。呻吟の末辿り着いたのが、現代人は楽しくそして豊かに暮らすことを何物にも代えがたい価値とし、その実現を強く望んでいるので、そうした現代人の価値観に見合うよう、上勝町の資源たる樹木や草木と高齢者たちの労力や知恵を有効に利用していくことはできないかということであったのです。

その最たるモノが料理の「ツマモノ」として利用される樹木の「葉っぱ」の存在でした。これだと上勝町には他所には負けないほどたくさんあり、しかも地形の高低差のお陰で季節の変化に見合う様々な種類の「葉っぱ」がある、それらが季節感にあふれ、美しくて、姿・形も整い、多くの料理を引き立てる「ツマモノ」に利用できる、その「葉っぱ」の採取や生産の労力にも事欠かないから、それをビジネス化していけば上勝町の活性化にもつなげていけるのではないか、ということであったのです。

要すれば、時代の流れとしての社会的要請に、上勝町の人たちと資源と知恵が応えていくという考えでした。そのためには、その経営システム化と経営ノウハウを工夫開発していくとともに、それを町の共有物とし、地域住民各自が自主自律的な力と意欲を発揮して経営に勤しんでいく必要があり、それには皆が力を合わせ、心を合わせ、知恵を出し合っていくという「協働の精神」に基づくことが不可欠であったのです。つまり、協働することにより、住民各自の経済力が向上していくとともに町の活性化も図られていくに相違ない、これが上勝町の地域興しの発想でありました。その努力の成果が「葉っぱビジネス」とか「彩り事業」とか「高齢者の生きがい事業」とか、と呼ばれるようになり、全国にその名を轟かせていくことになったのでした。

くわえて、この地域興しは映画化されたりNHKの報道番組に登場したりして町民に自信と自慢を与え、地域興しがこの地の人々の生きがいにもなってきたのでした。そればかりかUターン者やIターン者も増え、生易しくはないですが、かれらが「オバーちゃんのツマモノ事業」の後継者になって高齢化や限界集落化に歯止めをかけ、地域の将来に大きな展望を与えるようになったのでした。

この例からいえることは、そこに住んでいる人が自治の当事者として自治機能を発揮し、自然環境との共生を推し進めながら当事者同士の相互補完と相互依存による社会的営みを行っていく、ということです。そして、一人では不可能なことも皆で力を合わせれば可能となるという「協働」を自覚し、地域興しにも取り組んでいく、そうした点にこそ行政だけの「単一」主体によるよりも、複数主体が相互に依存しあい、相互に補完しあう「協治」による方が自治の有効性は高いのではないか、いわゆる「協治」による地域社会の活性化が図られていくのではないかと考えたのです。つまり、そこには「自治」から「協治」への概念変化が新しい時代の幕開けとして生じていると思うのです。

（2）地方都市にみる住民主導型の公共事業

最後に、「住民が主役の地域づくり」という、NHKのクローズアップ現代で放映された内容から自治の原点を探ってみましょう。

この番組も云ってみれば「地域の目線からの地域興し」として当事者自治の有り様を掘り起こした具体的な事例であります。日本は、憲法を制定し国会を開設して、立憲主義を標榜する近代国家として歩み始めて以来、中央集権主義に振り回され、地域の自治主義は江戸時代以前よりも未熟なままに長いこと過ごしてきました。平成の大合併と云われる地方自治制度改革においても、はたしてどれだけ当事者たる市町村住民の意向による政策であったでしょうか。この政策も残念ながら地域の自治主義が生かされてきたとはいえず、相変わらずの中央主導による地方制度改革政策であったようです。

しかし、このところの人口減少時代への突入は、そうした中央集権主義の限界を顕わにしました。国の地方政策をうけて地方がその政策を実施する、費用が足りなければ国が補助をする、目的は地域の活性化を図り経済成長を促していき、効率的、効果的にそれを達成していくということにあったわけですが、いっこうに地方は活性化していきません。いくら国が躍起になってその政策を進めても地方は廃れ、挙げ句の果てには「消滅自治体」のレッテルを貼られる羽目になりました。地域住民も地方自治体の為政者たちも官治主義や他治主義にならされ、他力本願で自治していくことにドップリと浸かってきたからであります。

そこに欠けている点は、自治の当事者たる地域住民の主体性と自律性の発揮であり、地域住民同士の連携にもとづく「協働自治力」への信頼と自信ではないかと思われます。この「協働自治力」は元々、地域住民が地域生活のなかで地域社会を運営統治していくために身につけてきた「協治」の「生活の知恵」であったものです。それが中央集権主義の影響を受け、その知恵を発揮しなくなった、あるいは失ってきたところの「自治力」でもあったのです。

このことに気づいた全国各地の人たちが最近になって、それならば地域の活性化のために、いま自分たちで何ができるかを考え、それを実践に移していこうと模索しはじめたのです。ここでは、その模索の実践例を紹介してみるとしましょう。

(3) 新たな公共事業の展開にみる「協治」の姿

掛川市は東海道新幹線や東名自動車道が走る静岡県西部に位置します。大きな交通動脈が走っていながら掛川市はその恩恵を受けておりませんでした。新幹線の駅もなければ東名自動車道のインターチェンジもない。そこで市民は立ち上がりました。駅を誘致するには莫大なお金が必要で、それをどうするかであったのです。市長は人口八万人弱にこの実情を訴え、駅もインターチェンジも欲しいという市民の意向を踏まえて各世帯に募金を呼びかけたのです。その結果、世帯当たり平均一〇万円が集まり、それによって駅前通り整備、駅前広場整備、駅ビル物産館の整備が可能となり、新幹線掛川駅ができました。また、後発になりますが、掛川インターチェンジの整備もほぼ同様の手法で完成し、市民生活への効用を大きくしていったのでした。

こうした公共事業の実績をもつ掛川市は、誰のための、何のための事業であるのか、そして、その事業主体としては何が望ましいのか、について考えてきたのです。住民は要求し続ける、行政はそれに答え続ける、という循環サイクルで進めば、いつまで経っても住民も地域も自治主体になりえず、他力本願の自治に成り下がって「他治」や「官治」に陥り、真の地方自治は育っていかないのではないかと考えたのです。

これは七期二八年にわたって市長を務めた榛村純一さんの持論でもあったのです。地域や住民はただ要求する主体ではなく、自らが事業の主体となってやれる範囲のことをやっていく住民であるのです。

この住民主導型の公共事業、これを紹介したのが「クローズアップ現代」でした。これは自治行政を、自治を基礎に行政の３Ｅを発揮させていく考え方でもあったのです。

榛村さんが市長になられて、確か三期目のころ、わたしは東京・東村山市で開催された「ゴミ問題シンポ」で対論したことがあります。ゴミ問題は地域住民の日常生活とは切っても切れない関係にあり、それゆえ、住民が主導していかなければこの問題は解決されていかないのではないか、という点で意見の一致をみたのです。このとき、掛川市の市政の取り組み方について榛村さんが話されたことは、毎年の予算編成に当たっては小学校区程度の範囲で地区住民と市の幹部職員とが、地区がかかえている問題と全市的問題とについて意見交換をし、少ない予算で多くの住民要求に応えていく方法を議論するとともに、住民が主導しながら課題処理ができる具体的事業を決め進めていく、ということでした。

「クローズアップ現代」が取り上げた「掛川市細谷地区の遊歩道づくり」は、朝夕の散歩道が畦道同然の、雑草が生い茂っているところなので、そこを舗装して歩きやすい遊歩道にしていきたい、それを住民主導によって行う《新しい公共事業》の姿にしていくものでありました。この事業は、遊歩道の設計も規模もアイディアも労力も地区住民の皆さんの手によってなされ、掛川市が支出した実費は舗装用の生コンクリート代だけの六五万円でした。これを行政が業者と契約して実施すれば、少なくともその数倍の費用に達するとのことでした。住民自治が充実していけばこのように経費も少なくて済み、結果に対する住民の満足度も高まっていくというものでした（二〇〇二年一一月一八日放映）。

こうした住民主導型の新たな公共事業は掛川市で毎年三〇〇カ所以上にも達しているとコメントされています。この方式のメリットは少ない予算で多くの事業が効果的に可能になるという、節約と効率の面ばかりではなく、地区住民が主体的かつ自主自律的に取り組む自治の充実強化の面や維持管理の面でもそれが力を発揮していくという、住民自治の充実・強化にも繋がるという点でありました。この例は、税金を払っているから、公のことは行政が、お上がやるべしという「官治」や「他治」の他力本願の意識構造からいかに脱却していくかであり、その方向について示唆していると考えられるものでした。

同様の事例は、愛知県額田町（現岡崎市）の里山づくり、三重県藤原町の農業公園づくり、静岡県三島市のグランドワーク実行委員会活動など、全国の各地域で展開されており、お仕着せではない、地域住民による地域興しを媒介にして、真の自治を自分たちの手によって実践していこうとする姿である、といえるのではないでしょうか。財政力の弱い地方に対し、国は今、お金を武器に地方創生を進めようとしていますが、真の自治に結びつくかどうかについて、よく考えて対応していくべきではないかと思います。

最後に以上を踏まえて、「真の自治行政とはなにか」について、その理論枠組みを提示しておくとしましょう。それはただ端に、自治行政を『自治体の行政』として片付けないで、住民の意思と能力に基づいて地域がかかえている問題を解決処理していくことを基本枠組みとし、そのために必要な様々の主体の知識、技量、資源、労力、能力などの結集を図り、単一主体の力では解決困難な問題でも「協働型自治システム」では可能になるという「協治理論」を構想することであります。いま一つは、現行の自治行政制度では地域住民が不充分で不満足と感じている部分を、多元的主体間の協力連携によって住民の満足に近づけていく、つまり、そのための手法である諸資源の最適投入ミックスの理論化を図っていくことであります。こうした理論の実践こそが横・横原理に基づく多様な主体同士の相互依存・相互補完の協治活動であり、真の自治行政でもあります。

以上のことから、真の自治行政の担い手は、多元的主体を構成する地域住民に他ならないということを強調して、私の講話を終了させていただきます。

ご清聴有り難うございました。

【講話12】

最終講義

～『新たな「自治行政」のキー概念』に辿りつくまで～

1　研究への取り組み姿勢

私は、二〇〇〇年四月、熊本県立大学総合管理学部教授として赴任しました。それからちょうど一〇年を経た、この三月に、熊本県立大学を退官することになりました。その退官の記念として、このような「最終講義」の機会を与えていただき恐縮しております。

さて、本日の講義のテーマは「新たな自治行政のキー概念」について、ということになっておりますが、そんな「キー概念」なんて聞いたことがない、と受け止められる方がほとんどではないでしょうか。それもそのはずで、いまだ学会で市民権を得ていない思いつきの造語を提唱して、これが「新しい自治行政のキー概念だ」といっても、よほどの説得力ある合理的な説明がなされない限り「おまえ、アホとちがうか」と笑いものにされかねません。

私の場合、たぶん、説得力のある合理的な説明もできず、きっと笑いものになってしまうかもしれません。ただ、自信を持っていえることは四〇数年間にわたり自治行政研究を続けてきたということ、しかもその研究姿勢は机上と現場の往復活動によって社会現象を理解し、説明する論理を構築してきたということであります。つまり、憲政原理によるよりはむしろ社会的実践原理の視点から自治行政という社会現象を理解し説明していく論理を追究してきたということであります。

たとえば、日本では市制町村制という地方制度が明治二二年にスタートしましたが、市町村の固有事務として国が認めましたものは「ゴミ処理」でした。それ以外は国の指導監督を受けなければなりませんでした。市町村が自治的に取り組めるのは「ゴミ処理」程度であったのです。だからわが国では戦前においては「地方自治制度」は存在しなく、国が地方を監督していくための、上からの目線による「地方制度」しかなかったのです。

こんにちでは「ゴミ問題」を解決できれば「ノーベル賞」もので、大変重要な問題としての地位を有していますが、当時は、ゴミとは「犬・猫・ネズミなどの死体をいう」と法的に定義づけられていて、キツイ・キタナイ・キケンな仕事とみなされ、それを市町村に任せていたのです（明治三三年汚物掃除法）。これが昭和二九年まで続き、同年、市街地の衛生面にも配慮した「清掃法」に改正されました。

だが、この法律（清掃法）では、高度経済成長政策に伴う廃棄物の質的複雑化と量的増大、産業廃棄物の大量発生や公害発生などに対処できなくなり、そのために一九六七年から七〇年にかけて清掃法の全面改正がなされることになりました。こんにち、廃棄物処理法という呼び方になっていますが、その法律の原案づくりに私も三カ年間従事しました。一九七〇年の公害国会においてその案は国会を通過しましたが、そのときの廃棄物処理に関する基本的考え方は今日でも貫かれています。

この法案づくりの経験、つまり現場の仕事の体験を通じて、社会の状況を理解し、廃棄物処理に必要なルールの案を、排出者の立場、収集者の立場、処分者の立場といった、各立場からの意見をもとに多角的に検討してつくってきました。こんにち、リサイクル、リユース、リデュース、あるいは、分別収集、エコバッグ、再資源化、環境受容能などといった用語が一般的に使用されていますが、これらは凡そ半世紀前の制度改正時に使用し始めた用語です。

ゴミ収集車にぶら下がりながら二トン半車が何分で一杯になるか、どんな危険物がゴミの中に入っているか、厨芥雑芥中の水分量はどうかなどを調べるために、宇都宮市、川崎市、沼津市、豊中市の清掃車に乗り作業の調査をしたこと、清掃作業に従事する職員の声を収集し纏めたこと、排出者自身に排出者責任のあり方について意見を聞き纏めたこと、これらの研究姿勢はすべて、社会的実践原理に基づいてルールをつくっていく手法であり、論理を組み立てていく方法であったと思っています。

このような姿勢で自治行政研究を行ってきた結果、つぎのような「自治行政のキー概念」にたどり着いたということであります。それは「私たち一人ひとりが社会的力を身につけ、他者との関係の中で自律的に合意形成をはかる存在に成長していけば、そのような人たちからなる自治体の行政は効率性が高くなり、人々にとっての行政サーヴィスの満足度も信頼度もより高くなる」という自治行政の概念であったのです。

換言すれば、「人々が自治意識を高め、自治活動を活発に展開するようになれば、そのとき、自治体の行政は効率的で有効性も大となり、人々の行政に対する信頼度や満足度も高まる」ということです。そのような内容を『自治効率』というキーワードで呼びましょう、ということです。このキーワードには行政依存型住民ではなく、自治的で自律的な住民であることが前提になっていることを忘れてはいけません。

では、人びとが自治的であり、自律的であるとはどういうことでしょうか。このことについては、他者との関係で、もしくは対社会との関係で考える必要があります。つまり対社会との関係で「自己の立ち位置」を確認し、社会生活においてもっとも素晴らしい合意を形成するために、自らの意思と態度を表明することが必要であるということです。

言うならば、「ある政策はどのような考え方・方法・手段を駆使して形成し、そして資源配分をしていけば、もっとも効果の上がる政策となるか、ということを、一段高い見地から政策化する」ということと、いわゆるメタ・ポリシー《他者との連携によって不足部分の充足方法を描き出すこと》としての組織的集団作業体制を確立し、そのなかで自らの態度を明示していくことが自治的であり、自律的であると考えるのです。

ここでは、はじめに「自らが主人公になって自らを治めていくこと」という「自治」をめぐっての話題を提供し、つぎにわたしが辿りついた「自治行政のキー概念」とはどういう概念なのかについて話をしていきます。

2 自治とデモクラシーの関係

さて、わたしの大学における教壇生活は前任校での二七年、熊本県立大学での一〇年でありまして、合せて三七年になります。最初の頃は「政治学」「都市政策」「地方自治」「自治行政」を、後半になりまして「政策研究」「自治行政研究」「地方自治研究」へとシフトしてまいりました。しかしながら、終始一貫しておりましたのは「自治」と「デモクラシー」との関係を基礎において「自治行政」を研究していくことであったということです。

そこでまず、「自治」と「デモクラシー」に共通している点について考えてみます。

自治が〝自ら治める〟こと、デモス・クラティアが〝市民の力による統治〟と呼ばれるように、両者の共通点は市民が主人公になって社会の舵取りをしていくこと、いわゆる「自律した市民の合意形成にもとづく自己統治（self-governing）」の政治様式であること、これが両者の共通点であるということです。

つぎに、自治とデモクラシーの異なる点はなにかについてです。

地域（地方）の自治、大学の自治、町内会の自治と言われるように、「自治」という用語を使う場合はその範囲が具体的に限定ないし特定されているのに対し、デモクラシーという用語を使う場合は地域、国家、国際というレベルの違いを超えて、普遍性をもつ政治様式を表現するために使われるということ、それが相異点です。

「地方自治はデモクラシーの小学校」といわれますが、このような「限定性」と「普遍性」という性質をもつ「自治」と「デモクラシー」の関係性について、私たちはどのように理解したらよいでしょうか。また、住民は両者のどちらを先に身につけていくのでしょうか、つまり、自治を身につけていけば必然的にデモクラシーも成熟していく、あるいは逆に、デモクラシーを身につけていけば自治も成熟していく、そのような関係性が両者にはあると理解すべきかどうか、これがわたしの学生時代からの関心事でありました。

その問題意識は、一つは日本国憲法第九二条に謳われている「地方自治の本旨」をめぐる論争、つまり、あまり生産的ではない不毛な論争が続けられていたこと、だから、そこから抜け出すためにはどうすればよいか、ということから導かれたものです。二つ目は「自治」も「デモクラシー」も脆弱な日本において、どうすれば両者を充実強化できるか、ということから芽生えたものでありました。

これへの接近方法としてわたくしは制度論的なアプローチではなく、可能な限り地域における人々の生活の知恵の結晶という、社会的実践原理にもとづくアプローチをとることにしました。なぜなら制度論的アプローチは法技術的・解釈論的側面に陥りがちで、社会の実態から遊離してしまう危険性があったからです。「手術は成功したが患者は亡くなった」の喩えのように、なんのための研究なのかを見失う可能性があるからでありました。

憲法が謳う「地方自治の本旨」論では、住民自治と団体自治とが車の両輪のごとく機能していくことをもって地方自治の本旨（原理・原則、本来のあるべき姿）とする、というように、一般市民には分かったようで分からない、もやもやした説明がなされており、今日でもそのようになされています。これは一定の社会性を伴った（他者との関係性を伴った）住民の自治力発揮と、そうした住民から構成される団体の自治力であることを前提にした議論です。けれども、住民が未だその域に達していなく、したがって団体の自治も脆弱な状態におかれている場合には、その本旨論は通用しないのではないかと考えていたからです。

個人にせよ団体にせよ、自治力を高めていくことは永続的な課題であって、それが完結することはないと思われます。なぜならそれは人も時代も社会も変わっていくからです。そこでは、時代状況を勘案した一定水準の自治力を定めておき、それに到達すれば一定の「地方自治の本旨」も実現されたと認めていくべきでしょう。だから、住民や団体が一定水準の自治力を身につけていくための環境条件を整備・保障しておくことが「地方自治の本旨」の実現につながっていく、と、わたくしは考えてきたわけです。

「自治」と「デモクラシー」の関係性については先に述べましたように、個々の住民には他者との関係において自律的であることが求められますが、その場合、自律性を住民が意識しやすく身につけやすいのはどんな条件を有する社会的ないし地理的空間なのでしょうか。それは人々にとって物理的にも心理的にも「身近性＝（closeness）」と「小規模性＝（smallness）」を自覚させてくれるところにあるといわれます。したがって、この点を「自治」と「デモクラシー」の関係性を考える出発点としたのです。

自律した住民による合意形成はまず、人びとにとって「身近さ」の代表である家庭から始まり、近隣住区、町内会や自治会、学校区、コミュニティ、市町村、都道府県、国家というレベルでなされていきます。

つまり、人々が属する社会の規模が大きくなるに従って合意形成拠点と人びととの間の「心理的距離」「時間的距離」「物理的空間」「合意形成方法」「争点」などに大きな差異が現れるのです。が、いずれの場合の「合意形成」にせよ、身近さを感じる小規模政体の合意形成経験が、より大きい政体規模の合意形成にとって有益であり、それが人びとの自治力向上やデモクラシーの成熟度合いにも強く影響していく、と考えるのが、自治とデモクラシーの関係を説明する論理的道筋になるのです。

このような論理から推論しますと、人々は身近で小規模の社会、つまりは家庭や向こう三軒両隣のような、小規模社会において自治性を身につけ、つぎに近隣住区の、つづいてコミュニティでの自治性と自律性を身につけていくということになります。つまり、近接性と親近性を有する空間で自治力を身につけ、デモクラシーを充実させていくことができるという論理なのです。いわば、人びとは生活の場における生活の知恵として小規模社会で自治していく術を身につけ、その経験を積み重ねていくことによって、より規模の大きい社会の統治にもその方法を活かしていくようになる（小規模社会のもつ本来固有の政治教育機能）ということです。だから自治の習得とデモクラシーの充実には若干の時間的ズレこそあれ、ほぼ同時並行的に進む側面をもっているといえるでしょう。

デモクラシーは普遍性をもつ統治様式ですが、それが充実強化されていくには住民にとって身近なところの、つまり生活の場における自治の実践が重要だと申しました。そして、それがより大きな政体規模の統治にも波及し浸透していくことによってデモクラシーも充実強化されていくと考えるのが論理的に妥当である、と考えたわけです。

一九五二年の国際政治学会において「地方自治とデモクラシーの関係」が主題として取り上げられました。そこでは英国の学者K・パンターブリックとブラジルの学者G・ラングロッド（仏人）との間に一大論争が起こりました。ラングロッドが「デモクラシーが完成した暁には両者には何らの関係もなくなる」との主張に対し、パンターブリックは「デモクラシーは完成されるものではなく、人々が未来永劫に追い求めていく統治様式であり、そうであれば人びとはつねに自治的エンパワーメントの向上努力をしつづけていく存在と位置づけられ、その意味で両者には必然的関係性が存する」との主張を展開したのです。半世紀以上前の「自治」と「デモクラシー」の関係性に関するこの論争は、ある意味で、いまだ新鮮な響きをもっているといえるのではないでしょうか。

以上の考察から、「自治」と「デモクラシー」は不即不離の関係にあると理解しました。しかし、その関係の論理構造はどのように導かれるのでしょうか。その答えを得るためには「自治」と「デモクラシー」をつなぐ媒介構造が必要であると考えました。その媒介構造としては「時間」と「空間」の概念が有効ではないか、ということです。この両概念が人びとの社会生活における規範意識や自律心の醸成を規定する大きな要因にもなっていると考えたからです。そしてそれが大小様々な政体の自治にも投影され、そのことがいかなる政体のデモクラシー充実にも反映されていくことにより自治とデモクラシーの関係構造も論理的に成立すると考えたわけであります。

3　自治行政のキー概念としての「自治効率」

自治体の行政が円滑に運営できない要因としては、地域住民側の問題、有権者によって選出された首長や議会議員という代表者側の問題、両者をつないで自治を円滑に機能させる制度上の問題、そして最後には自治体の行政実務に従事する職員や行政組織の事務分掌や事務改善の問題などが挙げられます。

上述の自治とデモクラシーの関係性の論理から、住民が自治意識を強め、行政依存を少なくし、場合によっては行政に業務処理のノウハウやそれに必要な諸資源を提供し、さらには行政と一緒になって問題を処理していくことになれば、住民と行政は互いに理解しあい、信頼しあうことができます。このことが自治体の行政運営の基礎になっていくとともに、行財政運営の効率性の向上と自治行政に対する住民の満足度を高めるのにも役立つということです。

すなわち、自治体の行政運営に地域住民がかかわっていく方がかかわらない場合よりも、行政サーヴィスの生産供給力、行政に対する信頼と評価、地域住民の満足度などの面においてより高くなるということです。このような自治行政の概念を「自治効率」という新しい用語で表現しようということです。この論理はコロンビア大学の経済学教授ヴィクターR・フクスの生産性研究から学んだ論理です。この点について今少し、考察を深めて述べていくことにしましょう。

地域住民が自治意識を高め、積極的に自治活動を展開すれば、自治体行政はどうなるか。おそらく時間的には短くてすみ、財政的には少ない予算で多くの仕事が可能になっていくでしょう。このことは単なる効率追求主義ではなく住民自治の充実強化からもたらされた結果といえるものです。つまり住民が自治意識を高め自治活動を活発に展開すれば自治体の行政効率は向上し、その行政活動の結果にたいする住民の評価や満足度も高まっていく可能性が大いにあるということです。そこで、もう一歩踏み込んでその点を考えてみましょう。

では、そのための必要な条件としてはどんなことが考えられるでしょうか。単なる効率追求一辺倒では格差問題をはじめ、自治体行財政を窮地に追い込んでいきますし、地域住民の自治意識も自治活動も高まっていきません。

そうすると行政側はすぐに住民を啓発しなければならないと主張しがちです。が、そのまえに為すべきことは何かを考える必要がありますし、くわえて住民の中にインテリジェンス活動を惹起させる手段や方法を考える必要があるのです。

たとえば、地域公聴や政策公聴を定期的に行いつつ住民との協力連携の仕組みや方法を探っていくことや、住民と一緒になって「地域課題の優先順位づけをおこなう委員会の設置」(デイトン市におけるプライオリティ委員会)とか「住民主導による事務事業と行政主導による事務事業に関する委員会」を立ち上げ、課題や事務事業の仕分けを行っていけば、住民はおのずから行政内容について審らかに知ることができるようになるでしょう。このようにして住民の中にインテリジェンス活動を引き起こすキッカケが生まれていくのです。

静岡県掛川市では、毎年、予算編成前や定例議会前に、小学校区単位に地域住民と行政との懇談会を開催し、地域や行政が直面している問題などを互いに提起しあい、問題解決に当たっては住民が取り組める範囲を話し合ったりしながら、行政が税金を使って取り組む範囲を小さくする努力をしてきています。いま、このような動きをしている市町村は全国ベースでかなり増えてきており、また、今後、そのような取り組みをしていきたいと考え、計画化している自治体は全国市町村の半数近くに達しているとの指摘があります(地方自治制度研究会)。

では、このような取り組みをなんと呼べばよいでしょうか。私はこれを「協働型自治行政」と呼ぶことにしました。一九八七年五月、名古屋大学で開催された日本行政学会での研究報告において、その「協働型自治行政」の概念について報告しました。それ以来、「協働」という用語は全国の自治体に広がっただけでなく、各学問分野の「協働研究」も華やかになって多くの著作が書店に並びはじめています。というわけで「協働型自治行政」という用語は一応、「市民権」を得たと思っております。

ところで、昨年(二〇〇九)のノーベル経済学賞は政治学者が受賞しました。経済学賞を政治学者が受賞?……何か変ですが、その通りであります。現代(敢えて近代とはいわない)経済学理論はツリー・セオリーよろしく、非常に精密に構成されており、これ以上は発展の余地がないといわれるほどです。しかしながら、社会における経済現象は日々変化し複雑化してきております。この複雑化する経済現象を精緻化された理論で説明できるかといえば、なかなか難しいと聞きます。これを突破するには「専門専攻の研究者よりは異分野の研究者の突飛な発想が役に立つ」ということでもありました。

政治学者がノーベル経済学賞を受賞したのですが、その政治学者はハーバードやMITやスタンフォードではなく、インディアナ大学のエリノア・オストロム教授といい、政治学や政策科学を講じておられます。ご主人はヴィンセント・オストロムといって、アメリカ合衆国では現代版マックス・ウエーバーと呼ばれるほどの社会科学の大御所で、やはりインディアナ大学の教授であります。全米各地の大学には彼の教え子たちが教壇に立っておりまして、年に数回オストロム教授夫妻を囲む研究会が開かれておりました。

わたしはオストロム教授の教え子にはあたりませんが、一度だけこの研究会に出席させていただきました。教授の教え子であるスティーブン・パーシー准教授がヴァジニア大学で公共政策を担当しておりまして、わたしと一緒に地元シャーロッツビル市の総合計画策定にかかわっていたことが縁でその私的研究会に誘われたからであります。そのときの研究テーマは〝Co-production〟についてでありました。

〝Co-production〟とは、ヴィンセント・オストロム教授の造語であります。co- は二人以上ないし二主体以上が協力連携するという意味、production とは生産することの意味です。この両方の意味を併せて、『多元的主体が協力連携し、社会的・公共的サーヴィスを生産供給していくこと』という意味を付与したのです。私はこの研究会に出席し、co-production という造語の意味づけを理解したことによって、それに見合う日本語を探しました。持参していた国語辞書を紐解き、『協働』という用語の意味がもっとも相応しいと考えたのです。

地域住民との接点領域である自治行政は行政側だけで一方的に行政サーヴィスを生産してもその生産性効率には直ぐに限界が現れます。つまり、サーヴィスの生産性を向上させるためには多様な主体の能力、知恵、ノウハウ、資源を動員した方が行政だけでサーヴィス生産に従事するよりもベターであるということです。ノーベル経済学賞を受賞したエリノア・オストロムさんはこの考えを、行政を包摂した都市サーヴィスの供給（The Delivery of Urban Services;1976）に応用するとともに、都市の生活様式を貫いている「相互依存の原理」、つまり他者が生産してくれるサーヴィスに依存しなければ都市生活者は生きていけないという原理をサーヴィスの生産性向上にも適用すべしとしたのです。

およそ経済理論では考えもしない「相互依存の原理」を持ち出して生産性向上理論につなげる突飛な発想が、行き詰まっていた経済理論を切りひらく考え方を提供したということで、政治学者がノーベル経済学賞を受賞したのであります（The Public Service Production Process, *Policy Studies Journal, Vol.7, 1978, cf*）。

自治行政とは関係のないような話になってしまいましたが、自治行政のキー概念追求と都市生活様式の原理とコプロダクションとは次の点で紐帯の関係にあると思います。つまり、行政サーヴィスにせよ都市サーヴィスにせよ、サーヴィスの生産過程に生産者側だけがかかわった場合、その生産性向上には直ぐに限界が生じるということ、したがってサーヴィスの生産者とサーヴィスの消費者をミックスしてその生産過程にかかわらせた方が生産性の向上は図れるという点です。

この例で共有される点は、サーヴィスの生産供給において、

①複数の主体がかかわること、

②そうした主体の自主・自律性が発揮されること、

③それら主体のもつ知識・技術・資源・ノウハウなどが生産過程で発揮されること、

④サーヴィスの性質・消費・目的を共有できること、

⑤生産者と消費者の満足度を高めること、

などが考えられます。

以上のことから、地域住民が自治意識を高め、地域社会において積極的に自治活動を展開していけば、地域社会全体の必要に地域住民も応えていくことができ、その影響を受けて自治行政も効率的・効果的に機能していくことになるということです。そのことから「自治行政の効率化」と「住民自治の充実強化」を含意した用語である【自治効率】という、自治行政にとっての新しいキー概念が導き出せるのではないかと考えた次第であります。

どうやら、わたしの持ち時間もなくなってきたようです。以上をもちまして、わたしの最終講義「自治行政のキー概念『自治効率』をもとめて」を終わらせていただきます。ご静聴有り難うございました。

【講話13】

日本における市町村合併政策とその自治的効用の有無

1　はじめに

近代国家としての統治構造を整える過程および整えた後の、日本における地方制度の流れを概観しますと、それは市町村合併の歴史的変遷ということができます。この点について一般には、江戸末期から明治初期にかけての新政府の布達に基づく合併、自然村から行政村への移行に伴う明治の大合併をはじめ、大正期の産業政策と民主化運動に伴う、いわゆる大正の合併、そして第二次大戦後の新しい地方自治制度下における昭和の大合併、さらには最近における平成の大合併ということで知られております。

しかし「合併」とはどういうことか、何のための「合併」なのか、あるいは誰のための「合併」なのかということ、そして、そうした「合併」を要請する背景はなにか、たとえば、その時代時代における地域住民の自主自律的な地域統治を求める内発的な自治充実を図るための「合併」であったのか（住民自治的側面）、それともその時代の権力者の意向とそれを具体化する体制官僚の思惑による官治的「合併」であったのか（権力作用的側面）につき、体系的に整理し明らかにした研究はさほど多くは見られないようです。

もとより合併の対象となる「市町村」というのは、地域住民が自分たちの意思で当該地域を治めていくための『基礎となる自治体』のことであります。現行憲法第八章では四箇条にわたり地方自治に関する保障規定を設けていますが、近年、その下位規範たる地方自治関係法令においてやっと市町村を「基礎自治体」と呼ぶようになりました。それまでは戦後半世紀近く「基礎的自治体」とし、意識的に「的」という言葉を入れて「自治の基礎となる団体」ということをぼやかしてきました。この「基礎的」と表現するか「基礎」と言い切る表現にするかはたいした問題ではないと言う人もいるかもしれません。しかし、基本となるところを曖昧にしておくことは、その意味と実際が主観によって左右されてしまい、客観性に乏しく普遍性が確保できなくなる可能性があります。とくに『自治権』に関連する制度と実際とをめぐってはその淵源が奈辺にあるのか、たとえば、自治する地域の住民側にあるのかそれとも他にあるのかによって大きく異なってしまうからです。

そこでは、真の「自治」をどのようにとらえておくべきかが、まずもって重要となります。そのうえで「何のための自治か、誰のための自治か」を明らかにし、その自治は、自治体が合併すればどのような影響をうけるようになるのか、を検証しておく必要があるのです。また、どのような考え方と方法で合併すれば「自治」は充実・強化されていくのか、という点の考究にも大きな意義があるのではないでしょうか。

この講話ではそうした点について、英米の自治体における自治のとらえ方と住民自治の充実方策の実際を瞥見し、日本における市町村合併が住民自治の充実・強化に有効であったかどうかを分析してみようと思います。

2 「自治」とはどういうことか

字義的にとらえれば、「自治」とは、「自《みず》ら治める」と「自《おの》ずから治まる」の二通りの用語法があります。石田教授によれば、「自《みず》ら治める」の方は明治以降の日本で用いられた用語法であり、他動詞的意味で使用されてきたのに対し、「自《おの》ずから治まる」の方は中国の古典『礼記』のなかで用いられてきた用語法でありまして、自動詞的意味に力点がおかれていたという違いがみられるのであります(1)。

また、この用語の淵源から「自治」とは「自らの意思で自らの行為を律する」ことと観念されますが、他方で「自己統治」ということも意味的に内包しておりまして、その点を考慮に入れますと「自治」には支配概念も包含されていることになるのであります。

そうだとすれば、そこでは誰が誰を支配するのかという、他者との関係を抜きにしては語れない意味領域があることに気づくのです(2)。

そのことから、個人レベルの「自治」の意味理解は容易であっても（他者に影響しない範囲での自律・自立・自己統治という意味で）、他者との関係での、つまり集団や社会の「自治」となるとその内容は複雑化し、そう簡単に理解することはできないのであります。それにはさまざまな条件を設定して意味を理解していかなければならないからです。

支配する自分の意思と支配される他者の意思が同じであれば問題はありませんが、社会生活上の様々な局面において自分と他者が常に同じ意識や考えであるとは限らないのです。だから、そのような場合、両者がどのような考えと方法や手段で自治していくのかが課題なのです。このことは集団や社会において自治を営んでいく場合と同じであります。そこでは他者との合意を形成し、その合意を規範化してそれに従う、という論理で支配したり支配されたりする関係を創出していかなければならないのであります。

このように考えると集団や社会における自治はその支配・被支配の関係が基礎にあり、その関係の範囲内で自治を営んでいくことになるのです。したがって集団や社会における自治は、被支配者と支配者（被支配者の合意）の自同化作用で営まれていくことになり、両者の自同化作用は自治の充実・強化にとって看過できない点となるのであります(3)。

このように、個人的自治と集団的・社会的自治の関係をとらえていくと、自らの意思で自らの行為を律するという個人的自治の観念を集団や地域社会の自治に敷衍して理解することは容易ですが、その際留意すべき点は、集団や社会の規模とその構成要素たる個々人の自律性の度合い（自治意識の成熟度）との関係にありまして、それは自治意識と政体規模の関係の問題ともいうことができるという点であります。その点の研究成果をつぎにみてみましょう。

かつて、ロバート・ダールとエドワード・タフティも、このような視点から“Size and Democracy”（『規模と民主主義』）について論じたことがあります。だが、さまざまな要因分析を必要とするために結論までは導き出せていないようであります。しかし、考察の対象としての「自治意識と規模の関係」とかれらの「規模と民主主義の関係」とはかなり共通点が多いようですので(4)、その点を以下において見ていくことにしましょう。

とりわけ参考になる点は、デモクラシーや住民自治と政体規模との関係であります。政体規模が大きくなれば住民自治は充実するのか、あるいはデモクラシーは充実するのか、この関係分析はすこぶる重要であります。自治体規模（市町村の規模）も政体規模の一つであり、合併によって市町村の規模が大きくなればその市町村（政体）の自治は充実するのか、また、その理由なり根拠なりは何かなど、たいへん興味を惹く問題でありまして、これから考究していかなければならない重要な点であります。

しかし、この点に関する研究も非常に少ないのです。どちらかといえば、自治体の現場においては規模と経済の関係から行政サーヴィスの効率性の実際について論じられるケースが多いようです。また、その内容も行政効率や財政効率の側面に焦点を当てた合併効果測定報告書(5)といった体裁のもので、合併すれば住民自治の充実・強化に繋がることを体系的に論証しているものはほとんどないのであります。

このような報告書は府県レベルでまとめている場合が多く、内容も行政改革の論理に合わせ、行政サーヴィスをいかに効率的にコスト安く生産・供給していくかについて合併の効果問題を論じ、行政職員の参考に供するのを目的にしている感じが強いようであります(6)。それらを仄見するかぎり、自治とは何か、何のための合併か、合併すれば自治の充実・強化に繋がるのか、といった側面の分析・評価は私が見る限り、かなり不十分の誹りを免れません。

そこで次に、合併と自治の関係に焦点を当て、日本で合併問題を論じる際に等閑視されてきた領域を、アメリカ合衆国における自治体創設過程とイギリスにおける地方議会の活動を通してみながら、自治の充実・強化にはなにが有効であるのか、もし合併が自治の充実・強化に有効である（ない）とすればそれはどういう点なのか、について論じてみたいと思います。

3 アメリカ合衆国における自治体創設過程にみる自治の有り様(7)

日本では国土のどこをとってもいずれかの都道府県・市町村に属しております。富士山の頂上であれ琵琶湖の真ん中であれ、あるいは、その地に人が住んでいようがいまいが、どこかの自治体区域に属しています。ところがアメリカ合衆国の場合は国土面積の半分以上は自治体区域に属さないのです。つまり、州の行政出先区域としてのカウンティは一応、全国土を覆っていますが、法人格を有する自治体としての自治する区域は国土面積の半分程度、逆に言えばどこの市町村にも属さないところが国土の半分を占める、ということであります。

ここで「自治体創設過程」といっているのは、州内の非自治体区域（unincorporated area）に人が住みはじめ、その集住地域にコミュニティ意識が芽生え、人々が当該地域を自分たちの力で自治していきたいと思ったとき、所定の手続を踏んで州議会の了承を取り付けていく過程のことで、その過程を地域住民による自治権獲得運動過程とみることができるのであります。

他方、この過程は州議会側からみると、サブディヴィジョン・コントロール（sub-division control）と呼ばれます。それは州議会が州内のコミュニティに法人格をあたえて自治的に運営していくことを認めるかどうかの統制作用になるからであります。それを反映してか、アメリカ合衆国の地方自治に関する文献に目を通していると、「自治体（municipality）は州の創造物である」という表現によく出会うのです。

第二次大戦後における日本の地方自治がアメリカ合衆国の地方自治制度を参考（GHQの指導）にし

て制度化されている面を考えますと、このサブディヴィジョン・コントロールをめぐっての「州と、地域住民や地域コミュニティとのやりとり」は日本の地方自治制度の制定過程ではどのように考慮されていたのか気になる点であります。だが、これまでこの点に関する研究書や論文を日本で目にしたことはありません。だから、研究会等でその問題を提起し、若干の研究者に質問してみたりしてきましたが、日本と諸外国の場合では制度制定過程や制度運用方法が大きく異なるため、参考にならないのではないか、という答えが返ってくるだけでありました。

さきに述べましたように、一定の地域空間に住んでいる住民たちが合意を形成し、その合意に基づいて当該地域を治めていくことを「自治」であるというのであれば、自治制度を制定する場合、なによりも住民自治の側面を基本に据えて取り組んでいかなければならないと思います。その意味で、今少しくアメリカ合衆国において自治体が創設されていく場合の「州とコミュニティ住民」の自治協議の内容をみてみようと思います。

かつて私はアメリカ合衆国の地方自治を研究するため、カリフォルニア州の未法人地域におけるコミュニティが、現行のカウンティ政府が提供する行政サーヴィスを受け続けるよりも、当該コミュニティが法人格を取得して自治体になり、自治体として行政サーヴィスを生産供給していく方が良いとし、そのためにコミュニティ住民が合意を形成しながら自治体創設運動を展開している実態を調査したことがあります。(8)

私が調査した地域はロサンゼルス市郊外の二つのコミュニティでありました。いずれもロサンゼルス・カウンティ内に属するコミュニティで、一つはランカスター（Lancaster）、今一つはラハブラハイツ（La Habra Heights）というコミュニティでした。これらは人々が住みついて長い年月がたっている市街地連担地域でありまして、これまではカウンティによる行政サーヴィスを受けるだけでよし（税金が安くつくから）としてきたコミュニティであったのです。

公共サーヴィスはカウンティ政府が提供するサーヴィスだけでよいとしてきたコミュニティが、いまなぜ自治体になって公共サーヴィスを自ら生産供給していくことを選ぼうとするのか、この点、若干の説明が必要であろうと思います。

日本のように地域住民の意思によらず自治体区域が決められ、しかも自治体としての機能が制度的に画一化されているのとは異なり、アメリカ合衆国の場合は《自分たちで我が町をつくっていく》という伝統的な自治文化があります。だから、行政サーヴィスでさえ住民意思に基づかず画一的な自治体行政サーヴィスとなっている日本の自治体と、住民意思に基づいて選択的に行政サーヴィスを定めていくアメリカ合衆国の自治体とでは、たしかに基本的差異が制度上に存在するのです。

したがって、アメリカ合衆国では、自治体（municipality）の規模（どこからどこまでを自治する範囲とするか）と機能（どのようなことがらを自治体の仕事とするか）と統治構造（首長—議会方式とするか他の方式とするか）は、地域住民の意思によって設定され、それを州議会が承認すれば当該地域は自治体になって自治運営していけるのです。

合併（amalgamation or annexation）についても同様で、対等合併か編入合併かも住民意思によって決めていく仕組みなのです(9)。

日本のように自治区域も機能も、一見、住民意思を反映する形をとりながらもその実は上から画一的な示唆（法令上の示達や指示）をうけ、それに従って合併すれば一定期間優遇措置が受けられ、従わなければ逆に自治運営上および財政上において冷遇するといった方法で合併を進めるというのでは、かなり自治の重視度は異なるのではないでしょうか。自治の本義からすればどちらが自治的な方法や考え方で合併が進められているか明白ではないかと思います。

なお、アメリカ合衆国における自治体創設過程では未法人地域のコミュニティ住民がいわゆるコミュニティ意識を熟成させ、自分たちで当該地域を自治していくかどうかの住民投票で過半数の賛成を得ると、続いて、既存のカウンティ・サーヴィスの範囲や水準を下回らないように公共サーヴィスの種類や範囲、それらの生産供給に必要な税目や税額までを設定し、州議会の了承をとりつけていく方法で法人格をもつ自治体（municipality）になっていきます。その際、問題となるのは、（一）カウンティ・サーヴィスを受けていたときよりも税金の種類が多くなり税額も高くなることにコミュニティ住民の支持をいかに取り付けていくか（住民自治的側面）ということ、（二）カウンティ・サーヴィスを下回るか下回らないかの評価をめぐり、コミュニティ側が多様な創意工夫を凝らして州議会を説得していくということ（権力対抗的作用の側面）であります。未法人地域のコミュニティが一度自治体になることに失敗すると次のセンサス・データが揃う（アメリカ合衆国の国勢調査は一〇年に一回）まで自治体になるための申請ができなくなってしまいます。ですから、コミュニティのとりまとめ役（proponent）になった人はかなり慎重に住民意思を確認しながら自治体創設運動を進めていくのです。

この流れから、自らの意思で自らの行為を律していくという自治の本義が、コミュニティから自治体になっていく過程、つまり、自治体の創設過程では実践されている、といえるのではないでしょうか。

4　イギリスの自治体議会の活動にみる自治の有り様[10]

イギリスの自治体の基礎となるのはパリッシュ（parish）であります。言うまでもなくパリッシュは、地域住民が日常的な礼拝のために教会に通う範域のことで、一般には「教区」といわれておりきす。日本でならさしずめ、「大字」単位の地域ぐらいでありまして、地域のお祭りの拠点ともなる鎮守の森神社に参堂する範囲がそれに該当するのではないでしょうか。アメリカ合衆国の場合ならネーバーフッド（neighborhood）がそれに当たります。人口規模は五〇〇人程度から一万人ほどの比較的小さな政体のようなもので、地域住民が身近さの感覚を抱ける地理的空間の規模と思えばよいでしょう。

自治理論の研究を続けてきたイギリスの地方自治学者D・Mヒル（D.M.Hill）によれば、デモクラシーの基礎を構成し、自治概念のキーワードになるのは「身近さ」（closeness）と「小ささ」（smallness）であると言っています。[11]

ところで、グレート・ブリテンとよばれるイギリスでは、自治運営の基本機能を担っているのは議会であります。地域住民の代表機関として意思決定をおこない、政策形成をし、その執行の指揮を執っていくのも議会議員であります。つまり、イギリスの自治体議会の役割は、（ア）住民の代表として自治権を行使する、（イ）法律案（条例ではなく）をつくる、（ウ）政策を形成し執行する、（エ）住民の意思をまとめ国会や中央政府に対して地域の課題解決策を提案していくなどであり、議会の議員は自治体として為し得る事柄については何でもやれる専門的知識や技能を身につけ、それを日常的に発揮していくのです。[12]

それに比して日本では、国会もそうだが、地方議会の審議状況をみていると、執行部側に対する質問を議員がして、執行部側がそれに対して答えるということで終わり、審議とはいえない審議状況になってしまっています。揶揄的に言えば、議員が執行部側を攻め込み、政策の変更や中止を求めて対案を提出しても、執行部側が上位規範たる法律を持ち出し、その点については「法律第○条でこのように規定されていますので、そのようにはできません」と答弁すると、途端に議場は静かになってしまい、議員による自治権の行使は前に進んでいかないのです。補助金がつかない、交付税算定の範囲に入らない、助成されない、といった答弁の場合もそうです。そこでは、それらを乗り越える知恵を磨き、議員としての資質を高めること（上乗せ・横だし条例のような努力と工夫）が必要ですが、そうした努力もみられない状況です。

イギリスの自治体議会議員と日本の自治体議会議員の有り様を比較すると、基本的には議員の資質の問題に突き当たります。それは地域住民の代表として選ばれる方法の違いから生じているように思います。つまり、規模の小さな政体であるパリッシュ議会議員選挙の場合でさえ、議員の候補者を選ぶ場合でも複数の候補者を地域で選び出し、予備選のように議員としての資質や能力を次のような方法で問います。①地域問題について住民とディベートさせる、さらに②政策演説をさせて評価する、そのうえで③正式の候補者を決定しているのです。なお、議会が存在しないパリッシュにおいては住民総会を開いて地域の課題解決策を決定していきますが、その際はパリッシュ住民であれば誰でも自由に発言できる仕組みになっているのです。そこでは無責任な発言を避け、それなりの責任ある発言を求めており、それが住民自治の充実と強化に結びついている点も見逃してはならないと思います。

この点、日本の場合はどうでありましょうか。イギリスの場合、自治体議会の議員でさえ行政職員と同等以上の知識や技能を身につけているようです。それにはそれ相当の勉強と努力が積み重ねられているに違いないことでしょう。それに比べ日本の自治体議会議員の場合はどうでありましょうか。ほとんど地縁、血縁によるか、特定利益団体による代表となっていて、政治的ディベートの訓練も政策形成に必要な専門知識や技能の修得努力もしないで候補者になり議員になっているケースが多いようです。これでは上位規範の壁を乗り越え、執行部の論理を打ち破っていくこともできないし、自治の充実・強化にも結びついていかないのではないでしょうか。

また、パリッシュ議会の議員の中には国会議員経験者や中央政府の閣僚経験者もおります。そのこと自体、パリッシュ住民の自己統治能力を高めるのに大きな役割を果たしているといってもよいでしょう。自治文化の相違があるとはいえ、日本においても地域社会の自治力強化のためには、地域住民にとって自治が遠くならない方策、つまり議会や議員と地域住民との心理的、物理的距離を遠くしないような政体規模のあり方や議員選出方法を見直していく段階にきているのかもしれない、と考える次第です。

日本における市町村合併政策は、地域住民の日常生活圏域の拡大に対応するためとか、行財政効率を高めるためとか、各種施設の維持管理の無駄を省くためとか、モータリゼーションやＩＴ技術の発展に伴う合理的な行政システムに適合させていくため、などといった理由と目的が挙示されてきましたが、それらはどれをとっても地域住民の声を反映したものではないようです。それらはボーダレスの活動を展開する経済界の意向や中央官僚の自治体支配欲を反映した、行政の合理化の論理にそった政策方針であり，地域住民の意思に基づく自治の論理にのった方策ではない、と思われるのです。そこに必要なのは、「地域自治の充実・強化を通して行財政の効率化にも結びつくような」政策の創意工夫であります。(13)だが、そのような自治と効率を融合させるような志向は日本においては未だみられません。

そこでつぎに「政体規模を大きくして、決定拠点が住民から遠くなるような安易な合併方策」ばかりを進めるのではなく、「内発的な自治の発揮と充実に結びつくような自治文化の創出方法」を考究し、活力ある地域社会の自治運営に繋がるような新しい自治概念を構想してみようと思います。

5　日本における「町」「村」自治の原点を探る(14)(15)

江戸末期から明治初期にかけての、日本における町村の変容を垣間見るとき、村（ムラ）や町（ちょう）にはそれなりの自治文化があったのではないかと思います。歴史書に目を通すと、近世社会における「村」というのは「百姓」身分の人々から構成される百姓身分集団であるということです。百姓と農業とは不可分の関係にありますが、百姓身分以外の人でも農業を営む者もおり、百姓即農民とはいえない点に留意する必要があります。

身分としての百姓という場合は、農業を中核とする生産と消費を生活原理とし、職能的な利害の共有にもとづき共同性をもって集住する「地縁的・職業的身分共同体」を形成する人々のことでありまして、その共同体が幕藩制国家によって一定の秩序で編成されることにより「公的」な「村」となっていったようであります。

では、幕藩制国家が「村」や「町」という社会集団を編成していく「一定の秩序」というのは何でありましょうか。それは「役の賦課」と云われるものであります。それが政治秩序の中に組み込まれていって公的な性質をもつ「村」や「町」という政体になっていったと考えられます。

つまり、身分と職能と社会集団形成とが「役の賦課」によって「村」や「町」に編成されていったということであります。たとえば、町人には「町人足役」、職人には「生産物上納役」、百姓には「百姓陣夫役」、武士には「戦時物資の運搬役」といったような「役」の賦課がありました。

幕藩制国家は当時の社会に存在していた職能的社会集団を基礎とする共同体に「役」を賦課して「村」「町」にしていきましたが、その内容は、たとえば、「村」の場合は領主の「村切り」による百姓の単位が「村」となり、それが年貢の納入に責任をもつ「村請」の単位となったのです。ただ、「村」にはいくつかの集落が存在し、「村請」をめぐって個別の百姓間や集落間で軋轢が生じる場合もありまして、そのときは村の責任者（名主・庄屋などの村役人）を複数配置し、村と集落の円滑な関係を生み出す一定のルールをつくって治めていくという「村自治」の知恵も発揮されておりました。

また、「町」の場合は、大雑把に言えば、さまざまな職人がそれぞれの仕事に従事しながら集住している地理的空間となっておりましたが、「町」と呼ばれた実体は細路地で家並みを区切ったブロック単位が「町」でした。その姿は現代の都市を形成している市街地区画の名称としても残っています。たとえば、日本人の主食である米や麦などを扱う職人が集まっているところは「米屋町」、帯反物など織物衣類を扱うところは「呉服町」、お寺が集まっているところは「寺町」、唐からやってきた人たちが集住しているところは「唐人町」というように、職人の「地縁的・職業的身分共同体」として「町」は形成され、それが呼称にもなっていたのです。これは現在でも全国各地の歴史を有する都市の内部にみられる「町名」や「市街地区画」の呼称としても残っております(16)。

江戸末期から明治初期にかけてはこうした町名区画に対して領主から「役の賦課」がかけられていたのです。当然のことながら、ここにおいても「村」と同様、呉服町に織物職人でない人が住みついた場合でも、呉服町に対する「役の賦課」に応えていかなければなりません。そこでは織物職人と非織物職人との調整が必要となり、それを「生活の場の共同性」にもとづく「町自治」によって行ってきたのであります。

このように「村」や「町」の自治の原点をみていくと、藩や幕府といった領主権力というものは「村」や「町」の生活と生産の共同性にとっては外在的に存在する「遠い存在」になるのに対し、自治の内実は「役の賦課」に託けた当該地域住民による住民のためのルールづくりとその実践にあった、ということができるのではないでしょうか。その理由は、領主が年貢負担を命じる単位は「村」「町」であり、その責務は当然のことながら「村」「町」に帰するからであります。

他方、年貢の個別負担の割り付けは村役人である名主や庄屋の役割となっていましたが、それはかれらにとってはたいへん荷の重い仕事であったのです。したがって、その役割の一端も「村」や「町」の自治、つまり地域住民の合意によって決められ、たとえ、当該地域住民の誰かが年貢を納めることができない場合が生じたとしても、その責務は生活と生産の共同性を基盤とした「村」および「町」の住民たちの合意で果たしていたのです。その意味では当時でも地域自治は展開されていたとみることができましょう。

6　日本における合併政策と自治[17]

日本における市町村合併は、「五・自治の原点」にみた「村」「町」が再編され始める明治二年から「地租改正」や「大区小区」(明治五〜一一年)に伴う合併、明治一一年の統一的地方制度改革法令(「郡区町村編制法」「府県会規則」「地方税規則」の、いわゆる地方三新法)を経て、以後、明治二一〜二二年の市制町村制を公布・施行する直前に明治の大合併が実施され、さらには産業構造の変化に伴う都市化現象と普通選挙権の拡大に象徴される大正デモクラシー期における合併、そして大戦後の昭和の大合併と最近における平成の大合併、といった流れがあります。これらを概観しながら、自治の基本がどのように位置づけされてきたかをつぎにみていくとしましょう。

近代国家への脱皮を目指し、国家として一元的な統治構造を確立するために、近世社会の「村」「町」を一掃する三新法を制定し、さらにその機能不全を打破し、憲法制定や国会開設を念頭において近代国家を築くため、新たな統治の仕組みを構造的に制度化したのが「市制町村制」(明治二一年公布、翌二二年施行)でありました。この流れの中で、地域住民の自治にもとづき町村の合併が企図され実施された例はみられません。だが、合併を主導する側では、(ア)自然村の形成と運営にみられた住民自治と、(イ)フランスやプロイセンの地方自治を参照し、近代国家の基礎固めには地域住民の理解と協力が必要との認識を有する為政者もおりました。そうした認識があったにもかかわらず、他方では、(ウ)国家としての意向を周知させ、行財政運営の合理化を図っていく点から、中央集権的な行政区画に再編統合する必要もあるとの認識も強かったのです。そして、結局は後者の考えで市町村の統廃合をすすめ、これが明治の大合併となったのでありました[18]。明治二一年には七万一三一四の市町村数であったのが、市制町村制施行の明治二二年には一万五八五九の市町村に減少したのでした。

しかし、この合併においては前にみたように、日本固有の自治性とフランスやプロイセンの自治性との融合を目指し、住民意思に基づく地域統治の可能な、本来の自治に基づく自治体としての「市町村」の創造とはならなかったのであります。

つぎに、合併問題としてはあまり取り上げられない「大正の合併[19]」の特質をみてみましょう。明治、昭和、平成の合併とはかなり異なる面をもつのが大正の合併の特質でありますが、それは明治末から昭和の初めにかけての（一）産業構造の変化、（二）政治行政制度の改変、（三）国民の政治意識と行動の変化、などを投影しておりまして、住民自治の側面にも配慮せざるをえなくなった点に大正の合併の特質もみられるということです。

大正デモクラシーといわれる時代の地方自治に対する要求はまず、①納税要件による等級選挙制度の廃止を求め、普通選挙制度を要求する、つぎに②町村の行財政運営に対する郡長の介入を排除する、さらには③町村自治運営に必要な税財政制度を確立する、などにみられ、下からの要求運動として展開された性質をもつものでありました。

合併に関連した点としては、産業振興政策や富国強兵政策の影響をうけて都市化現象が既存の行政村の境界を越えて広がったために、一つはそれに対応するまちづくりの必要から、もう一つは一定の納税要件を有する納税者が行政村を超えて増大し、それに見合う選挙権の拡充要求から、既存の行政村周辺の都市化地域を編入していくという、下からの要求合併の性質を内包していたのでした。これは、明治、昭和、平成における合併が上からの主導によるものであったのに対し、地主の特権と結びついた町村長が選ばれたり、官選制の郡長が町村の支配機構を担ったりしていくことに反対する、いわば反骨精神の現れであったとみてよいでしょうし、また、民本主義の具体的顕現を下からの力によって示した一つの姿であった、といえるものです。

ただ、この期の市町村合併は数的にはさほど多くはなく、明治三一年から大正七年までに町村数二六七減、郡制廃止に伴い合併の気運が盛り上がった大正七年から昭和五年にかけては約五〇〇町村が減った程度でありました。

太平洋戦争直後の昭和二〇年一〇月時点の市町村は、二〇五市、一七九七町、八、五一八村で総計一〇、五二〇を数えていましたが、それが昭和二八年の町村合併促進法施行時には、市数二八六、町数一、九六六、村数七、六一六の総計九、八六八からスタートし、昭和三一年の新市町村建設促進法施行では四九五市、一、八七〇町、二、三〇三村で総計四、六六八になり、それらの特例法が失効する昭和三六年には五五六市、一、九三五町、九八一村で総計三、四七二を示し、終戦時の約三分の一まで市町村数を減じて合併は落ち着いたのでした[20]。

では、昭和の大合併という自治体の規模拡大はいったい、誰が何のために推し進めたのでしょうか。アメリカ合衆国の自治体創設過程にみられたように、それは地域共同体を形成している地域住民が主体となり、自らの意思で「治める範域、当該地域に不可欠な公共サーヴィスの種類、自治コストを賄うための税目や税率、自治システムと自治機構」を決定し運営していくための合併だったのかどうか、それとも日本独自の国家として必要な行政サーヴィス水準を確立し、国民がどこに居住していても同質のサーヴィスを受けることができるようにするための中央集権的な国家的要請に基づく合併であったのかどうか、ということであります。

この点、昭和の大合併も、続く平成の合併も集権的な国家的要請による合併であったといえるのではないでしょうか。新たに日本国憲法も制定され、その第八章では地方自治に関する保障規定も四箇条にわたって示されております。その中で憲法は「地方自治の本旨」を謳い、その解釈は「住民自治」と「団体自治」が車の両輪のごとく機能することをもって「地方自治の本旨」としているのであります。しかし、昭和・平成の合併を推し進めた主体がその「住民自治」の側面をどれだけ尊重し活かしてきたか疑問であります。合併推進に協力するのであれば「アメ」を、非協力であれば「ムチ」を、(21)という中央政府の姿勢は、どう考えても「住民自治」を尊重し、地域住民に最も身近な基礎自治体の自治発揮を認めているとは言い難いのです。

このように論じると、直ちに、いやそんなことはない、合併は基礎自治体における行財政の効率的、合理的運営のために補完性原理が作用するシステムとなっているし、また、合併して政体規模が大きくなっても地域住民の意思が反映できるように旧市町村単位の意向を汲み上げる組織として地域自治協議会の設置も認めているではないか、との反論がなされるでありましょう。加えて、明治以来続いてきた、国の事務を基礎自治体に委任し、その事務処理には自治体の意向やチェックが通じなかった機関委任事務も廃止したではないか、小さな自治体のままでは行財政能力も不足し、自治体を運営していくことも難しいので合併によってその能力を発揮できるようにしたではないかと反論されるでしょう。これらは多分、合併を主導する中央政府側の団体自治を中心にした主張であって、当事者である地域住民の意思とその意思に基づく住民自治を反映した合併ではなかったと考えられます。そういうと、また、合併については住民投票が可能なようにしてあるではないかという反論が予想されます。が、当事者としての地域の、つまり、その地域を形成し、そこの自治を担っている住民たちの意思に基づく「内発性に導かれた合併方策ではなかった」ことについては反論の余地はないのではないかと思います。

7　おわりに

日本における市町村という基礎自治体の規模は、地方自治制度を設けている世界の先進諸国のなかでは人口および面積面で大きい方であります。また、自治体として担っている機能も総合的で幅広く、しかも画一的であり、それゆえ、自治体業務を処理していく行政組織も職員数も財政規模も多大になっているのであります(22)。

政体としての自治体規模が大きくなるということは、それを構成する地域住民と自治体の意思決定拠点との「心理的、物理的距離感」が開くことを意味します。その結果、英米の自治体運営でみられたような住民自治の充実強化と内発的な自治発揮を阻害してしまうのです。否、そればかりではありません。自治体を自分たちでつくり運営していくという自治的営みが後退しますし、そうすると、行政サーヴィスは行政がやってくれるもの、という行政への依存度を人々は強め、漸次、自治意識を低下させていきかねないのです。つまり、他力本願の自治運営に陥ってしまう代わりに、官治行政を助長させ、名ばかりの自治行政になってしまう悪循環に陥っていくのではなかろうかと思われます。

そこでは、先に述べたように、自治の充実強化と行財政運営の効率化を調和させる方向を考えていく必要がありましょう。今後はその点につき、協治社会における自治行政の考え方としてさらに論究していかなければなりません。

注

（1）石田雄『自治』三省堂　一九九八年　参照

（2）西尾勝「自治」年報政治学一九七九年度（日本政治学会編『政治学の基礎概念』岩波書店　一九八二年）所収　参照

（3）井出嘉憲『地方自治の政治学』東京大学出版会　一九七二年　参照

（4）Robert A. Dahl and Edward R.Tufte, *Size and Democracy*, Stanford University,1973（内山秀夫訳『規模とデモクラシー』慶応通信　昭和五四年）

（5）千葉県における市町村合併の効果測定調査報告書（別冊）『合併市町村の実体と評価』一九七三年三月参照

（6）上掲報告書を読むと、住民自治の充実よりも行財政の効率化の側面に焦点を当てて合併を評価し、一般市民向けと言うより行政職員向けの感じが強い。

（7）荒木昭次郎「アメリカ都市自治の理念と実際」（上）（中）（下）『地　域開発』所収　日本地域開発センター　一九七八年九・一〇・一一月号参照

（8）荒木昭次郎 上掲『地域開発』九月号を見よ。

（9）荒木昭次郎『協働型自治行政の理念と実際』敬文堂　二〇一二年　二〇七―二一〇ページ

（10）竹下譲『パリッシュにみる自治の機能』イマジン出版二〇〇〇年を参照し、くわえて筆者自身もロンドンの下町コベントガーデン・コミュニティを訪れ、青空市場に面している歴史的建造物に壁画を描いて街の美化を進めるパリッシュ議会と住民との協力連携の様子を調べ、住民自治の充実ぶりに触れた。
(11) Dilys M. Hill, *Democratic Theory and Local Government*, George Allen and Unwin Ltd, 1974, (cf)
(12) 竹下譲　前掲書　参照
(13) 久原美樹子ほか共著『現代自治行政学の基礎理論』成文堂二〇一二年とくに第三章を参照
(14) 鈴木栄太郎『日本農村社会学原理』未来社一九四〇年参照。本書は行政村に対する自然村の概念を最初に構築した農村社会学の名著といえよう。
(15) 松元崇『山県有朋の挫折』日本経済新聞出版社　二〇一一年、ほかに全国知事会編『府県制白書』第一法規　昭和四二年、半藤一利『山県有朋』ちくま文庫　二〇〇九年を参照した。
(16) たとえば、熊本市中央区の新町古町地区にはこのような名称の町がある。
(17) 松沢裕作『町村合併から生まれた日本近代』講談社選書メチエ二〇一三年本書は明治初期からの自然村から行政村への変遷を詳細に描写している。
(18) 松沢裕作　上掲書は具体的な合併事例を掘り起こしていて参考になる。
(19) 坂本忠次「大正・昭和初期地方財政史研究の課題［一］」岡山大学経済学会雑誌一六（一）、一九八四参照
(20)(21) 佐々木信夫『市町村合併』ちくま新書二〇〇二年　昭和・平成の合併参照
(22) 宗野隆俊「市町村合併と自治についての一試論」小西中和教授退職記念論文集（第三八三号）滋賀大学経済学部　平成二二年三月　参照

エピローグ～行動科学的接近の自治行政研究をふりかえる

一九六〇年代後半から二〇一〇年代の半世紀にわたり、私は自治行政の調査研究に従事してきました。本書で述べている内容はその半世紀の間に取り組んできた成果を、年代ごとに二、三本ずつを取り出しながら社会の動きと調査研究の変化をみてみようと企図としたものです。

若いころ、公務員としての仕事に従事しながら大学に入って自治行政を勉強し始めたわけですが、それから今日までの間に地域社会は大きく変化してきました。それとともに、自治行政の制度もその運営実態も変化してきました。それらの変化の流れを観察しておりますと、自治行政それ自体の概念も再構成の必要に迫られているのではないか、と思えるのです。その意味で、本書がその概念再構成の役割の一端を担うことができればと考えた次第です。

六〇、七〇年代の自治行政研究は、なによりも制度論的アプローチと管理論的アプローチが大勢を占めておりました。それが八〇年代に入り、政策論的アプローチも重視されるようになりました。地域社会のあるべき姿を目標として描き、それをいかに有効適切に達成していくかのシステムを開発し、それに基づいて政策を実施していく、いわば政策科学的アプローチが一躍、自治行政研究のフロントランナー的役割を担うようになってきたのです。この背景としては、一九六九年に地方自治法が改正され、翌七〇年から施行されるようになった「自治体は政策主体としての役割を果たさなければならないと義務づけられたこと」が影響しております。

さらにもう一つのアプローチが八〇年代後半から九〇年代にかけて登場してきました。それは地域の社会生活における不充分な部分を地域の多元的主体間で相互補完しあい相互依存作用しあうことによって充足していくという、多元的な主体の協働体制論的アプローチです。これは一昔前までは組織的集団作業体制アプローチとよばれていましたが、それには多様な主体が互いの異質性を尊重しあって能力や資源を出し合いながら目標を達成していくという「協治」の観念が前面には出ていませんでした。

そこで、私は、その点を具体的に指し示すために、地域の住民と企業と行政という多様な主体が諸資源を提供しあい、協力・連携して自治行政を運営していく、つまり、それら各主体の連帯性と共助性からなる協治原理を基礎とするところの協働型自治行政論的アプローチを提唱することにしたのです。

このアプローチは二一世紀に入ってわが国の自治行政を席巻しはじめ、いまでは多様な主体による「協働のまちづくり条例づくり」、「協働の自治基本条例づくり」、「協働の地域づくり」など、さまざまな協治手法で自治行政を牽引するようになってきております。それは時代を反映した社会の特質から生み出された必然的な結果といえるかもしれません。

この原型はかつての農村社会における人と自然との共生生活の姿に見られ、こんにちでは都市社会の生活様式を貫く「相互依存と相互補完」の原理が働いている社会にみることができるのです。

とくに、人口減少社会における真の社会の豊かさは、私益追求の経済合理主義に立つのではなく、一人ひとりが持っている能力、資源、技術を存分に発揮できるような社会、互いに補完しあい依存しあうことによって不充分な状態を互いが乗り越えていけるような社会でなければ実現できません。そのような成熟社会をつくりあげていく役割と責務を担っているのが「協治社会における自治行政の真の姿」であろうと考えたわけです。

凡そ半世紀にわたる私の行動科学的接近による自治行政研究において、上に述べた流れが描き切れているかどうか疑問なしとしないのでありますが、本書は、そうした問題意識と方向で取りまとめたものであります。読者の皆さんのご叱正をいただければ幸甚に存じます。

本書をこのようなかたちで取り纏めるには多くの方々のお力添えによるところが大でありました。お世話になった全ての方々に感謝申しあげたいと思います。

ここではとくに、取り纏め段階の原稿に目を通していただいた自治行政の現場の方々、戸澤角充さん（熊本市役所）、元島加奈子さん（熊本県庁）、平野利和さん（玉名市役所）、窪島義浩さん（藤沢市役所）、金指太一郎さん（海老名市役所）、星野正春さん（多摩市役所）、池田泰久さん（全国市長会）、近重圭さん（全国知事会）に対し、衷心より感謝を申しあげる次第です。

また、私と一緒に勉強した仲間である澤田道夫さん（熊本県立大学）、黒木誉之さん（長崎県立大学）、久原美樹子さん（熊本県庁）、江口庸子さん（熊本県庁）、米山幸範さん（熊本県町村会）、永木藍さん（熊本赤十字病院）、平嶋孝さん（大揮環境計画事務所）の皆さんの励ましにもこの場を借りてお礼申しあげます。

平成三〇年一〇月吉日

著者　**荒木　昭次郎**

基本的参考文献

荒木昭次郎『参加と協働―新しい市民＝行政関係の創造―』ぎょうせい　一九九〇
荒木昭次郎『協働型自治行政の理念と実際』敬文堂　二〇一二
荒木昭次郎・澤田道夫『真自治行政構想の奇跡～自治の華ひらく協治の世界～』敬文堂　二〇一八

一般的参考文献

小田切徳美『農山村は消滅しない』岩波新書　二〇一四
矢作弘『縮小都市の挑戦』岩波新書　二〇一四
山下祐介『地方消滅の罠―「増田レポート」と人口減少社会の正体―』ちくま新書　二〇一四
山下祐介／金井利之『地方創性の正体―なぜ地域政策は失敗するのか―』ちくま新書　二〇一五
大江正章『地域に希望あり―まち・人・仕事を創る』岩波新書　二〇一五
貞包英之『地方都市を考える「消費社会」の先端から』花伝社　二〇一五
藤波匠『人口減が地方を強くする』日本経済新聞社　二〇一六
吉川洋『人口と日本経済　長寿、イノベーション、経済成長』中公新書　二〇一六
小滝敏之『縮減社会の地域自治・生活者自治　その時代背景と改革理念』二〇一六
広井良典『人口減少社会という希望　コミュニティ経済の生成と地球倫理』朝日新聞出版　二〇一六
（第七版）

木下斉『稼ぐまちが地方を変える　誰も言わなかった一〇の鉄則』ＮＨＫ出版新書　二〇一七（一三刷発行）
神野直彦・井出英策・連合総合生活開発研究所編『「分かち合い」社会の構想—連帯と共助のために』岩波書店　二〇一七（二刷発行）
藤井聡『クルマを捨ててこそ地方は甦る』ＰＨＰ新書　二〇一七
大月敏雄『町を住みこなす—超高齢社会の居場所づくり』岩波新書　二〇一七
山崎史郎『人口減少と社会保障　孤立と縮小を乗り越える』中公新書　二〇一七
広井良典『定常型社会　新しい「豊かさ」の構想』岩波新書　二〇一七（一六刷発行）
吉原祥子『人口減少時代の土地問題「所有者不明化と相続、空き家、制度のゆくえ」中公新書　二〇一七
伊藤公一朗『データ分析の力　因果関係に迫る思考法』光文社新書　二〇一七（八刷発行）
出町譲『日本への遺言　地域再生の神様《豊重哲郎》が起こした奇跡』幻冬舎　二〇一七
平川克美『路地裏の民主主義』角川新書　二〇一七
三谷太一郎『日本の近代とは何であったか—問題史的考察』岩波新書　二〇一八（七刷発行）
若尾政希『百姓一揆』岩波新書　二〇一八
諸富徹『人口減少時代の都市　成熟型のまちづくりへ』中公新書　二〇一八
志子田徹『ルポ　地域再生　なぜヨーロッパのまちは元気なのか？』イースト新書　二〇一八
西村まさゆき『ふしぎな県境　歩ける、またげる、愉しめる』中公新書　二〇一八

田村秀『地方都市の持続可能性―「東京ひとり勝ち」を超えて』ちくま新書　二〇一八
井出英策『幸福の増税論―財政はだれのために』岩波新書　二〇一八
麓幸子『地方を変える女性たち―カギは「ビジョン」と「仕組みづくり」！』日経BP社　二〇一八
フランシス・フクヤマ『政治の衰退』(上)、(下)〔会田弘継〈訳〉〕講談社　二〇一八

著者略歴

荒木昭次郎（あらき　しょうじろう）

1940年　熊本県山都町生まれ
1960年　運輸省外局海上保安庁水路部
1968年　早稲田大学大学院修了、同年公益財団法人日本都市センター研究員
1973年　東海大学政治経済学部専任講師、助教授、教授を経て、1999年同大学名誉教授
2000年　熊本県立大学総合管理学部教授に就任し、2010年同大学名誉教授

主要単著
『参加と協働』（1990年、ぎょうせい）
『協働型自治行政の理念と実際』（2012年、敬文堂）
共編著
『開かれた市民社会をめざして』（1977年、創世記）
『現代自治行政学の基礎理論』（2012年、成文堂）
『真自治行政構想の奇跡』（2018年、敬文堂）

連帯と共助が生み出す協治の世界
～豊かなスモールネス社会をデザインする～　［自治行政講話集］

2019年４月15日 初版発行　　定価はカバーに表示してあります

著　者　荒木昭次郎
発行者　竹内基雄
発行所　㈱敬文堂

東京都新宿区早稲田鶴巻町538
電話（03）3203-6161㈹
FAX（03）3204-0161
振替 00130-0-23737
http://www.keibundo.com

印刷・製本／信毎書籍印刷株式会社
カバー装丁／リリーフ・システムズ
ISBN978-4-7670-0231-6　C3031